番号制度の導入を踏まえた地方自治体の個人データの利用と保護対策のあり方

行政サービスの個人データの利用実態である世帯単位に着目して

瀧口樹良

時事通信社

はじめに

　領地支配を前提とする近代国家では、版図と戸籍である「版籍（領地と人民）」を確保すべく、領域の土地情報と人的情報を収集し管理した。土地情報は、測量を行い土地所有の明確化を行った。また、人的情報は、戸と呼ばれる家族集団単位で国民を登録する目的で作成される公文書である戸籍として市町村の地方自治体単位で紐付けし、家（戸）単位で集団的に把握してきた。つまり、国家としての人的情報は、家族単位で把握されることで、家制度が採用され、家父長制度として家には家長が存在することになった。こうした家制度は、第二次世界大戦の敗戦後、昭和22年の家族法改正では、日本国憲法の理念に反する家制度は廃止されたが、筆頭者が存在する戸籍制度は存続されることになった[1]。一方、敗戦後、居住実態を反映しきれない戸籍に代わり、「生活の本拠」を明確にする住民基本台帳制度に基づく住民票が整備されたが、実質的には同一家族を前提とする世帯単位で調製され、世帯員に対して世帯主が存在することとなった。

　現在、情報化の進展や電子政府の推進に伴って、行政における個人データの流出等の問題が懸念されている。これまで行政の個人データの保護対策に対しては、日本国憲法では個人の尊重を規定し、個人情報保護法制においても個人の権利利益の保護が目的とされ、手続き的に保障されている。一方、地方自治体の行政サービスにおいては、前述した世帯に基づき社会保障の給付サービスを中心に「世帯」単位で提供されるものが多く、結果として住民の個人データも「世帯」単位で利用されている。例えば、個人の権利として保障されている選挙に関する「投票所入場整理券」ですら世帯単位で一括郵送されているのが実態であり、この面での検討は、ほとんど行われていない。

　そこで、本書では、こうした地方自治体の個人データの利用実態に着目し、

世帯単位という行政サービスの原則と個人単位という個人情報保護法制の原則との齟齬や問題点を、地方自治体の行政の実務に即して具体的に把握し、両者を調和させるべく「地方自治体における住民の個人データの利用と保護のあり方」について考察することを目的としている。

　本書は、序章および 6 つの章と補章で構成されている。序章「問題設定」では、地方自治体の「世帯」単位の個人データ利用が具体的に問題となるケースを例示するとともに、その後の検討のために必要な用語を定義し、併せて論文の全体構成を紹介している。また、第 1 章「地方自治体における住民の個人データの利用方法」では、地方自治体の広域な業務を類型化し、保有する個人データの種別や、「個人単位」か「世帯」単位かといった利用実態を分析している。

　次に、第 2 章および第 3 章は、「世帯」の概念に対する時系列的・制度横断的な分析を行っている。第 2 章「『世帯』の概念と課題」は、「世帯」概念の成立や扶養義務との関係を歴史的に辿り、その有用性や問題点（恣意的な「世帯分離」等）に触れている。さらに、第 3 章「各制度における『世帯』概念の沿革と範囲」では、住民基本台帳、地方税、医療保険、生活保護、手当の各制度を対比し、「世帯」が、どのように取り扱われているかを詳細に分析している。その結果、「世帯」が「同一生計・同一居住」を要件とする見方（総務省「住民基本台帳事務処理要領」）と、「同一生計」のみとする見方（健康保険法等）があり、各制度によって「世帯」の捉え方の範囲が微妙に異なっていることを明らかにするなど、問題の核心に迫った。

　第 4 章と第 5 章は、前 2 章における理論的な分析を検証すべく、著者が中心となって行った 3 件のアンケート調査と 2 件の地方自治体へのヒアリング調査の結果を中心に議論を展開している。1 件目は、全国の地方自治体を対象とした郵送アンケート調査で、代表的な業務として「ひとり親家庭等医療費助成」という具体例を念頭に、地方自治体が個人データをどのように取得し、管理・共有しているかを調査している。2 件目は、災害時を想定した地方自治体の個人データの利用（外部提供）に関するもので、住民が個人データを外部提供することに対して是認する範囲や条件等について調べている。3 件目は、地方自

治体の個人データの利用に対する住民の反応として、信頼感や家族意識を踏まえた家族の個人データに関する取り扱いに対する考え方を調査している。また、2件の地方自治体へのヒアリング調査として、A市（人口12万人程度）とB市（人口6万人程度）の2つの地方自治体に対して、国民健康保険制度を取り上げて、個人や世帯の特定の仕方等の地方自治体の業務実態に関する調査を行っている。これらの調査結果に基づき、第4章「地方自治体における『世帯』単位の個人データの利用実態と実例」は、個人データの利用実態の側面から、第5章「地方自治体における個人データの保護対策の実態と課題」は、個人データの保護対策の側面から分析している。ここで、世帯構成員の個人データが必要な場合に、当該世帯構成員全員の同意を求める地方自治体と、申請者本人の同意で足りるとする地方自治体が併存していることや、国よりも先行した個人情報保護条例を制定しながらも、制度ごとに世帯情報を管理しているため、「世帯」単位の情報が全体として把握しきれていない実態等を明らかにしている。このことが、「世帯単位」での個人データの利用に対する不適切な取り扱いを誘発する原因の1つとなりうるのではないかと考えられる。

　そこで、第6章「地方自治体の個人データの利用と保護対策のあり方」では、前章までに検討してきた諸点をふまえ、現実的に取りうる選択肢として、住民の個人データを「世帯」単位で利用することが不可避であるとの前提に立ち、今後の地方自治体の個人データの利用と保護対策に向けて、次の4つの基本方針を提示している。第1の方針は、住民の個人データの最大限の利用を前提とし、必要最低限の情報しか保有しないこと。第2の方針は、個人データの利用単位は「個人」を第一義としつつ、現行の社会保障制度の分野では世帯単位で事務が処理されていることを例外として是認すること。第3の方針は、例外的に「世帯」を単位として個人データを利用するため、個人としての住民本人が自己の情報をコントロールする機会を保障すること。第4の方針は、地方自治体の個人データを「世帯」単位で利用することに対して、計量的な実態調査に基づく対応を行うこと、である。この4つの基本方針をふまえ、番号制度の導入に伴い、国が地方自治体に整備を求めている「団体内統合宛名システム」と相互連携を図る形で現在の制度ごとに管理している世帯情報を統一的に管理する「統合世帯情報台帳」を構築することや、すでに一部の地方自治体で

実施されている「本人通知制度」の採用という2つの具体的な提案を行っている。

なお、補章「韓国における個人データの保護対策」として、日本と同様に「世帯」単位の個人データの取り扱いが行われている海外事例として韓国を取り上げ、韓国の地方自治体の個人データの利用実態や保護対策について比較分析している。

今後、「行政手続における特定の個人を識別するための番号の利用等に関する法律（番号法）」の成立とともに、地方自治体の個人データの利用が拡大されていくことは確実である。番号法に伴う社会保障・税番号制度では、日本に住民票を有するすべての住民（外国人も含む）が持つ12桁の番号として個々人に付与される。しかしながら、個人への付番は住民基本台帳制度による住民票をもとに個人に付番され、他人には見せられない個人番号が記載された通知カードは、「投票所入場整理券」と同様に世帯単位で郵送されている[2]。

このため、上記の4つの基本方針をふまえた、団体内で統一的に管理する仕組みである「統合世帯情報台帳」の構築と、住民本人に情報提供する「本人通知制度」の実施という2つの具体的な提案を実現することで、地方自治体の「世帯」単位による個人データの利用に対して、「個人」を第一義とした住民本人が自己の情報をコントロールできる仕組みを実現することが可能となるものと思われる。

本書が、今後、さらに地方自治体の個人データの利用実態に即した具体的な対応策を探求する一助となることができれば幸いである。

なお、本書では、一般用語や参照文献等により引用する内容以外は人格権を包含した「個人情報」という用語を避け、「個人データ」という用語を用いるようにしている。そのため、「個人情報」と「個人データ」という用語が混在している点に、ご留意いただきたい。また、本書で示した見解については、あくまで著者の個人的な見解にすぎず、著者の属する機関または属した機関を代表する見解を示すものではないことにもご注意いただきたい。

注

1　かつて東アジアの広い地域で戸籍制度が存在していたが、現在では中華人民共和国（事実上形骸化している）、中華民国（台湾）、日本のみに現存する特異な制度といえる。

2　なお、番号法では、個人番号の提供の求めが制限される本人以外の他人として「自己と同一の世帯に属する者以外の者」としている（番号法第15条）。つまり、他人とは「自己と同一の世帯に属する者以外の者」であり、例えば、幼い子供の特定個人情報について、その親が保管することが想定されることから、子、配偶者等の自己と同一の世帯に属する者に対しては、個人番号の提供を求めることができることとなる。詳細は、瀧口［2017］を参照のこと。

目　次

はじめに ……………………………………………………………………… 1

序　章　問題設定と全体構成 …………………………………………… 11

第1節　問題の所在 ……………………………………………………… 13

第2節　問題となるケースの具体例 …………………………………… 15

第3節　本書における若干の概念整理 ………………………………… 17

第4節　本書の全体構成 ………………………………………………… 23

第1章　地方自治体における住民の個人データの利用方法 ………… 27

第1節　地方自治体の行政サービスにおける個人データの取得 …… 29

第2節　地方自治体が保有する個人データの種別 …………………… 30

第3節　地方自治体の個人データの「世帯」単位での利用 ………… 32

第4節　「世帯」単位の利用と「世帯主」の位置づけ ……………… 35

第5節　「世帯」単位での個人データ利用の課題 …………………… 39

第2章　「世帯」の概念と課題 ………………………………………… 43

第1節　「世帯」とは …………………………………………………… 45

第2節　行政における「世帯」概念の沿革 …………………………… 48

　（1）「世帯」概念の成立と展開 …………………………………… 48

　（2）社会保障の分野における「世帯」概念の成立と展開 ……… 51

第3節　「世帯」単位を構成する前提となる「扶養」の概念 ……… 54

　（1）日本における扶養概念 ………………………………………… 54

　（2）戦後における扶養概念を規定した民法改正の審議過程 …… 58

　（3）扶養概念の諸外国比較 ………………………………………… 62

第4節　揺らぐ「世帯」概念の課題 ―「世帯分離」― ………… 64

第3章　各制度における「世帯」概念の沿革と範囲 ………………… 69

7

第1節　住民基本台帳制度における「世帯」の捉え方 ･･･････････ 71

（1）制度の沿革 ･･････････････････････････････････････ 71

（2）「世帯」の捉え方と範囲 ･･････････････････････････ 73

第2節　地方税制度における「世帯」の捉え方 ･････････････････ 76

（1）制度の沿革 ･･････････････････････････････････････ 76

（2）「世帯」の捉え方と範囲 ･･････････････････････････ 81

第3節　医療保険制度における「世帯」の捉え方 ･･･････････････ 87

（1）国民健康保険制度 ･･･････････････････････････････ 87

（2）介護保険制度 ･･･････････････････････････････････ 92

（3）後期高齢者医療制度 ･････････････････････････････ 96

第4節　生活保護制度における「世帯」の捉え方 ･･･････････････ 98

（1）制度の沿革 ･･････････････････････････････････････ 98

（2）「世帯」の捉え方と範囲 ･･････････････････････････ 99

第5節　手当制度における「世帯」の捉え方 ･･････････････････ 105

（1）児童手当 ･････････････････････････････････････ 105

（2）児童扶養手当 ･･･････････････････････････････････ 107

第6節　各制度の「世帯」の捉え方と範囲の小括 ･･･････････････ 112

第4章　地方自治体における「世帯」単位の個人データの利用実態と実例 ･･･ 115

第1節　地方自治体の「世帯」単位の個人データの利用実態 ･･････ 117

（1）実態調査の概要 ･････････････････････････････････ 117

（2）申請者本人と世帯の個人データの取り扱い範囲 ･･････ 118

（3）申請者本人と世帯の個人データの確認方法と取得同意の有無 ･･ 118

（4）申請者本人と世帯の個人データの管理方法と共有範囲 ･･ 123

（5）地方自治体の個人データの取り扱いに対する対応策 ･････ 127

（6）地方自治体の「世帯」単位での個人データの取り扱いに対するまとめ ･･ 130

第2節　地方自治体の「世帯」単位の個人データの利用実例 ･･････ 131

（1）「世帯」単位での個人データの取り扱いの題材 ……………… 131

（2）A市における実例 …………………………………………… 132

（3）B市における実例 …………………………………………… 134

第3節　実態と実例に基づく課題 …………………………………… 136

第5章　地方自治体における個人情報の保護対策の実態と課題 … 139

第1節　地方自治体の個人情報保護条例の沿革 ………………… 141

第2節　地方自治体の個人情報保護条例の運用上の問題 ……… 148

第3節　ケース1：災害時を想定した地方自治体の個人データの外部提
　　　　供の問題 ……………………………………………………… 152

（1）災害時における行政の個人データの取り扱いの現状と課題 …… 152

（2）災害時に行政が保有する個人データの外部提供の対応 ……… 154

（3）行政に求められる個人データの外部提供に対する対応策 …… 156

（4）行政が保有する個人データの外部提供に対する住民の不安や懸
　　　念 ……………………………………………………………… 162

（5）ネットアンケート調査の実施概要 ……………………… 164

（6）組織や団体への信頼性 ………………………………… 165

（7）災害時に行政が保有する個人データの外部提供の有無 ……… 168

（8）災害時に行政が保有する個人データの外部提供と組織や団体へ
　　　の信頼性との関係 ……………………………………… 168

（9）災害時に行政が保有する個人データの外部提供の不安に対する
　　　対応策 ………………………………………………… 172

第4節　ケース2：地方自治体の個人データの利用に対する住民の反応
　　　　………………………………………………………… 174

（1）ネットアンケート調査による住民意識の把握 ………… 174

（2）ネットアンケート調査の実施概要 ……………………… 175

（3）行政の個人データの利用に対する本人同意の有無 …… 175

（4）行政の個人データの利用に対する不安意識 …………… 177

（5）行政の個人データの利用に対する保護対策 …………… 179

（6）行政の個人データの利用に対する本人同意の有無と保護対策‥181

（7）行政の個人データの利用に対する世帯同意や家族観‥‥‥‥182

（8）行政における個人データの利用に対する不安と対応策‥‥‥183

（9）「世帯」単位の個人データの取り扱いに対する住民意識‥‥‥185

第6章 地方自治体の個人データの利用と保護対策のあり方 ‥‥ 189

第1節　番号制度の導入と「世帯」単位の管理‥‥‥‥‥‥‥‥ 191

第2節　本書の概念整理に基づく考察‥‥‥‥‥‥‥‥‥‥‥ 196

第3節　地方自治体の個人データの利用と保護対策に向けた提案‥‥‥ 201

補章 韓国における個人データの保護対策 ‥‥‥‥‥‥‥‥ 213

第1節　韓国における個人データの利用単位‥‥‥‥‥‥‥‥‥ 215

第2節　韓国における個人データの保護対策‥‥‥‥‥‥‥‥‥ 216

（1）釜山広域市の取り組み‥‥‥‥‥‥‥‥‥‥‥‥‥‥‥ 216

（2）海雲台区の取り組み‥‥‥‥‥‥‥‥‥‥‥‥‥‥‥‥224

参考文献‥‥‥‥‥‥‥‥‥‥‥‥‥‥‥‥‥‥‥‥‥‥‥‥‥ 231

初出一覧‥‥‥‥‥‥‥‥‥‥‥‥‥‥‥‥‥‥‥‥‥‥‥‥‥ 240

アンケート調査の概要一覧‥‥‥‥‥‥‥‥‥‥‥‥‥‥‥‥‥ 241

おわりに‥‥‥‥‥‥‥‥‥‥‥‥‥‥‥‥‥‥‥‥‥‥‥‥‥ 243

索引‥‥‥‥‥‥‥‥‥‥‥‥‥‥‥‥‥‥‥‥‥‥‥‥‥‥‥ 247

装幀／クリエイティブ・コンセプト　江森恵子

序章

問題設定と全体構成

第1節　問題の所在
第2節　問題となるケースの具体例
第3節　本書における若干の概念整理
第4節　本書の全体構成

序章　問題設定と全体構成

第1節　問題の所在

　本書は、世帯単位という行政サービスの原則と個人単位という個人情報保護法制の原則との乖離や問題点を、地方自治体の行政の実務に即して具体的に把握し、両者を調和させるべく「地方自治体における住民の個人データの利用と保護のあり方」について考察することを目的としている。2001年に政府による「e-Japan戦略」が開始されて以降、政府および全国の地方自治体における情報化が積極的に取り組まれてきた。しかしながら、情報化を通じた行政サービスのワンストップ化はいまだに十分な実現に至っていないのが実情である。こうした状況の中で、年金記録問題などを契機とし、より正確な所得把握が可能となり、社会保障や税の給付と負担の公平化が図られることや、情報化を通じた行政サービスのワンストップ化である行政機関から国民に対するプッシュ型の行政サービスを行うことが可能となることを目的とした「社会保障・税番号制度（以降、「番号制度」という）」の導入が図られることとなった。

　この番号制度の導入にあたっては、セキュリティやプライバシーといった側面などから、さまざまな不安や懸念が指摘されている。すでに類似した番号制度の導入が図られている欧米を中心とした諸外国では、こうした懸念の解決策として、番号の振り方や持ち方の工夫、データ管理の徹底などの技術的な対策、さらには中立的な第三者によるアクセスログ監視などが実施されており、日本においても、番号制度が導入されても、従来通り住民の個人データは、各行政機関等が保有し、他の機関の個人データが必要となった場合にのみ照会・提供を行うことができる「分散管理」の方法を採用している。さらに、さまざまな個人番号の取り扱いに関する規制や事後的な救済等、本人同意を原則とした仕組みが採用されている。

　ところで、日本の個人情報保護法制においては、「個人情報の有用性に配慮しつつ、個人の権利利益を保護することを目的とする」（個人情報の保護に関する法律第1条）ことが基調となっており、個人データの保護は、収集・利用の制限、および本人関与など、住民の個人データに対して個人単位を前提としている。これは、国際標準に合致したものである。特に欧米諸国では「自立し

13

た個人」という発想が徹底しているためか、行政サービスにおける個人データの利用と保護は、個人単位を前提としている。そのため、本人同意の仕組みを原則とする「自己情報コントロール権」を保障するものとなっている。

　一方、第二次世界大戦の後に成立した日本国憲法は、戦前のいわゆる家制度を否定し、「すべて国民は、個人として尊重される。」（憲法第13条）と規定したにもかかわらず、日本の行政サービスでは、特に社会保障制度の分野で、扶助や給付の対象を個人として捉える場合よりも「世帯」として捉える場合の方が多く、世帯単位に基づいて業務が行われている。つまり、日本国憲法では個人の尊重を規定し、個人情報保護法制においても個人の権利利益の保護が目的とされているにもかかわらず、地方自治体の行政サービスにおいては特に社会保障の給付サービスや税の控除等を中心に、住民の個人データが「世帯」単位で利用されている。例えば、住民基本台帳法では原則として「住民票は個人を単位として世帯ごとに編成され（住民基本台帳法第6条）」、生活保護法では保護の要否判定は「世帯単位の原則（生活保護法第10条）」として定められている。また、現行の社会保障制度の分野のさまざまな給付サービスに関する申請・受給手続きも世帯単位で行われる。さらに国勢調査等の社会調査の際の単位としても、「世帯」が用いられる。このため、地方自治体では、住民の個人データを世帯ごとに集約し、利用する必要がある。そこで、「世帯」単位での個人データの利用の実情に合わせた個人データの保護対策のあり方について、利用と保護のバランスを図ることが求められる。

　ところが、番号制度においては、「個人」単位を前提とした諸外国における対応策の検討に留まっており、日本独自の個人データの利用範囲である「世帯」単位に集約した個人データの利用実態に即した保護方策の検討が、ほとんど行われていない。このため、仮に諸外国と同様の個人データ保護の仕組みを導入したとしても、「世帯」単位に集約した個人データの利用に対して、どのような保証がなされているのかが明確ではなく、住民の不安や懸念を増す可能性がある。また、世帯単位で住民の個人データが利用されている社会保障分野の行政サービスの実態と、あくまでも個人を単位とする個人情報保護法制とは、本来その理念が合致しておらず、さまざまな問題を生んでいる。

　例えば、柏市が2013年11月20日に元夫からドメスティックバイオレンス

（DV）を受けて離婚した女性の転居先住所が載った子ども医療費助成受給券を、誤って元夫宅に送ったケースがある。このため、元夫は、女性の転居先住所を知ることとなり、この女性は身の安全を確保するため、別の場所へ引っ越しを余儀なくされてしまったのである。実は、こうした地方自治体の個人データの誤った取り扱いのケースが多発しており、番号制度の導入により、さらにその危険性（リスク）が高まることが懸念される。

　そこで、本書では、地方自治体の行政サービスにおいて、住民の個人データが「世帯」単位で利用されているという実態に着目し、地方自治体による「世帯」単位での個人データの利用の実情に合わせた個人データの保護対策のあり方について、利用と保護のバランスを図る具体策を検討することとする。

第2節　問題となるケースの具体例

　日本の社会保障の分野では、扶助や給付の方法の対象として、多くが「世帯」を単位として捉えている。例えば、最低生活の保障を目的とする公的扶助である生活保護では、一般に対象者の必要度を重視する無拠出制の給付として「世帯単位の原則」を採用し、また、一定年齢以上の老人に支給される無拠出制の基礎年金においても、夫婦の年金額は単身者の1.5倍程度に設定されるなど、「世帯」として捉えるケースがほとんどである。

　そのため、地方自治体の行政手続きにおいて、申請主体が個人の場合でも、ほとんどのケースで「世帯」単位として個人データが利用されている。例えば、景気後退下での住民の不安に対処するため、住民への生活支援を行うとともに、住民に広く給付することにより、地域の経済対策に資することを目的して実施された定額給付金の手続きでは、「世帯」単位での申請が行われた[3]（**図表0−1**）。

　「世帯」単位とする理由として、住民生活が実際に世帯を単位に営まれている以上、社会保障は、世帯構成に応じて生活の必要度を判断すべきとの考え方に基づいているからである[4]。

　また、住民票や戸籍証明書等を交付請求する場合、本人確認が必要となり、代理人が申請する場合には委任状が必要となる。ただし、同一世帯で住民票の

図表0−1　定額給付金の手続きの流れ

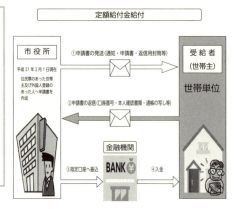

出典：北本市サイト

写しを申請する場合や、戸籍に記載されている者が戸籍謄本を申請する場合は、本人等請求となり、委任状等は必要ない。このため、住民票請求の場合は、本人または本人と同一世帯の人、戸籍請求の場合、本人または本人と同一戸籍内、その戸籍に載っている人の配偶者・直系の者であれば、本人が申請した場合と同じ取り扱いとされる**（図表0−2）**。

つまり、本人同意を原則としつつ、同一世帯もしくは同一親族の範囲であれば、本人同意を担保する委任状が不要となり、同意しているものとみなした取り扱いが行われているのが、地方自治体の窓口現場の実態である[5]。

同様に、「世帯」単位（組合員「世帯」単位）で送付している「医療費通知」は、被保険者一人ひとりの同意がなければ、被保険者一人ひとりに発行する必要があるものの、特段の申し出がない場合は「医療費通知を『世帯単位（組合員「世帯」単位）』でまとめて発行」することに同意したもの（黙示の同意）として取り扱い、「世帯」単位で「医療費通知」が行われている。このことが、DV等で個人データの取り扱いのミスを誘発する危険性をはらむこととなる。

序章　問題設定と全体構成

図表0-2　住民票と戸籍証明における委任状の有無

来庁者	

本人確認
1点確認 ・写真つき
2点確認 ・写真なし ・口頭

対象者種別	請求種別	対象者	委任状要否	筆跡要否
本人	→	本人	不要	不要
代理人	住民票	同一世帯の人か同居の親族	不要	不要
		親族（別居）	必要	必要
	戸籍証明	配偶者、直系尊属（父母・祖父母など）、直系卑属（子・孫など）	不要	不要
		本人と同一戸籍内に記載されている親族	不要	不要
		相続（相続人、法定代理人、後見人等）※	必要	必要
	印鑑証明	印鑑登録カード持参人	不要	不要
	上記共通	第三者請求（金融機関等）	○必要	○必要
		職務上請求（弁護士等）	○必要	○必要
		上記以外の代理人	○必要	○必要

※死亡者との関係がわかる書類の写し
（戸籍を使用する方（請求者）と来庁者とが異
なる場合、その親族関係がわかる戸籍の全部事
項証明書（戸籍謄本）等）
※請求する戸籍等の本籍・筆頭者・生年月日・
請求理由等の必要事項

出典：各種資料より著者作成

第3節　本書における若干の概念整理

　本書では、概念整理を行うに当たり、まず「情報学」の概念を整理する。「情報学」とは、基本的には情報に関する分野であるが、学問分野の定義はいまだ明確になっていない。しかし、現代社会が「情報社会」であり、旧来の物質やエネルギーとともに、あるいはそれらを凌駕するほどに、情報の価値が高まっていることを否定するものはいないだろう。従来、こうした情報化のトレンドは、コンピュータという情報処理装置の急速な発展と並行して進んできたこともあり、「情報学」は、どちらかと言えば「工学的情報学」すなわち「情報工学」として発展し、時に「コンピュータ科学」と同一視されることもあった。

　しかし、生命体の基本となるDNA（デオキシリボ核酸、俗に遺伝子）も、「塩基配列」による情報から成り立っていることが明らかになったため、近年は機械的な情報だけでなく、生命的な情報を扱う学問としての情報学が、再度発展することが期待されている（西垣［2004］、［2013］）。例えば、西垣［2005］が、「生命情報⊃社会情報⊃機械情報」という、3つの集合の間の関係

17

を念頭に置いて、機械情報に注力する学問から生命情報に注目するものとして「情報学的転回」を図るべきと指摘しているのは、こうした考え方に基づいているものと考えられる。

さて、いわゆる理系の学問としての情報学が、それなりの発展を遂げるにつれて、人文科学や社会科学の分野においても、「情報」が研究テーマになるようになってきている。これらの学問は、人間や社会が観察の対象となるため、社会の変化が情報を重視したものに変化すれば、それに追随するのは必然と言えるだろう。しかし、「情報」に関する社会科学は、自然科学系の学問分野に比べれば、比較的ゆったりとした展開しかできていないのではないか。

社会科学のうち、先行したのは経済学である。しかしながら、技術進歩があまりに早く、また急速に発展したIT企業が「情報」に関するデータを囲い込んでいるため、十分な分析をしようと思えば、これらの生データを保有している企業の協力を得る必要がある。その一番確実な方法は、当該会社の社員になることである。かくして、著名なミクロ経済学者のハル・ヴァリアンが、グーグルのエリック・シュミット会長の誘いを受けてチーフ・エコノミストに転ずるなど、経済学における「情報」の研究は「いったん休止」を強いられているように思われる。

さらに「情報学」という視点から見たとき、最も保守的で、「情報」に縁遠いのは、法学ではないかと思われる。法学はもともと「保守性」自体が価値ではあるが、わが国は制定法主義を取っており、また私人間関係の基本法である民法においても「この法律において、『物』とは有体物をいう。」（民法85条）という立場を取っていることもあって、「情報法」という独自の体系を追求するためには困難が伴うことになる（林［2011a］）。

このような中でも、法学的アプローチにより「有体物」とは違った法領域を取り扱う「情報法学」を構築しようという動きが無くはない。例えば、法と経済学の研究者である林の一連の著作（林［2005］、［2009］、［2010］、［2011a］、［2011b］、［2012］、［2013a］、［2013b］、［2014］）が提唱する「情報法の一般理論」の考察は、その代表例と言える。残念ながら、林の壮大な試みは、いまだ完成に至っていないが、本書が法学的枠組みを前提とし、「個人データという情報」を分析の主たる対象とする以上、まずは林の到達点を踏み台にする以外

序章　問題設定と全体構成

に、他の適当な方法を見出しがたいのが実態である。そこで、以下では、林が提唱する「情報法の一般理論」のうちで、「個人データ」に関する部分を検討する。

　まず、林が提唱する一般理論の枠組みの延長線上で個人データを捉えた場合、次の2つの論点が参考になる。

　①個人データとプライバシーとを明確に分けて考えるか否か
　②行政機関保有データと民間保有データの扱いを区分するか否か

　①について林［2009］は、以下のように述べて両者を峻別すべきことを強調し、人格権（氏名表示権を除く）を捨てた財産権としての「個人データ」として捉え、人格的要素を「情報プライバシー権」として明確に区分し、その両者を切り分けることが可能であると指摘している。

　　「『個人情報』という用語には、別の欠陥もある。それは「0か1かのビット列」という無機的な感じが伝わらず、何やら人格にも関係しそうな「ウエット」な響きがあることである。個人情報保護法も基本的には「無味乾燥」とも言える「データ」を扱っているに過ぎないのだから、『個人データ』の方が適している。
　　　ただし、ラベルを変えても内容は従来に準じ、『生存する個人に関するデータであって、当該データに含まれる氏名、生年月日その他の記述等により特定の個人を識別することができるもの（他のデータと容易に照合することができ，それにより特定の個人を識別することができることとなるものを含む。）』で十分と思われる」（林［2009］p.87）

　すでに、両者を混同してはならないことは多くの研究者が指摘しており、上記の指摘は決して目新しいことではない。しかし、プライバシー研究から個人データの研究に移った学者は、多かれ少なかれ「何事もプライバシーの視点に引き付けて考える」という弊害に陥っていることが多い。両者の峻別は、常に心がけねばならない警告として、本書の中でも貫徹することとしたい。そのため、本書では、一般用語や引用する内容以外は人格権を包含した「個人情報」

19

という用語を避け、あくまで「個人データ」として捉えることに留意する。

　次に、②に関して林［2009］は、「秘密の漏えいは刑事罰でしか守れない」という指摘を短絡的であると嘆いた上で、仮に「刑事罰が問題であるとすれば、行政機関保有データと民間保有データを峻別し、前者を『自己情報コントロール権』的に再構成する一方、後者については保護のレベルを緩める案が考えられる」と指摘している。さらに林［2009］は、「私人と公権力の関係について言えば、もともと『基本的人権の尊重』の観点から、公権力が収集する個人データは最小限にすべきであるから、これに対して強いコントロール権を設定するのは理に適っているし、また技術的にも実現可能と思われる」とも指摘している。

　このことは、鈴木［2010］も、地方自治体の個人情報保護条例とほぼ同様の規定内容を有している行政機関の個人情報保護法に対して、「開示請求権、訂正等請求権、利用停止等請求権について、個人情報保護法においては、開示、訂正、利用停止の求めに対して、わずか6箇条を用意するのみであるが、行政機関個人情報保護法では、開示請求権、訂正等請求権、利用停止等請求権について30箇条にも及ぶ詳細な定めを置いていることに着目し、単に行政庁に向けた行為規範を整備するという趣旨に留まるものではなく、開示請求訴訟を具体的に支える裁判規範として機能しえるよう法制度が設計されている」と指摘している。

　さらに、行政機関の、特に地方自治体が保有する個人データの特性を考慮すると、地方自治体は住民のさまざまな個人データを保有している。例えば、住民基本台帳で居住者の個人情報の登録を行い、納税事務のために個人の所得や財産に関する情報を取得する等、法令等に基づく権限（行政調査）で個人データを収集・利用することが少なくない。その上で、行政サービスの提供のため、地方自治体は住民の個人データを収集・利用することになるが、①多くが法令等に基づく権限を持って強制的に個人データを収集（公権力を行使）し、②代替的なサービスの提供がない（本人にとっては他に選択肢のない）ことが多い。特にセーフティ・ネットとしての行政サービスには、その傾向が強い。このため、たとえ不適切な個人データの取り扱いが明らかになったとしても、民間サービス等での代替手段がなければ住民は他に選択の余地がなく、法令等

により権限として個人データの収集・利用は継続される。つまり、市場の洗礼を受ける民間企業とは全く異なる構造にあり、法体系も異なることは必然と考えられる。

　そこで、本書では、林［2009］や鈴木［2010］が提示する「行政機関保有データと民間保有データを峻別し、前者を『自己情報コントロール権』的に再構成する」との考え方に基づいた考察を行うこととする。

　なお、この点については、秘密型の保護か知的財産型の保護かというアプローチとの関連が問題になる。言い換えれば、個人データを「知的財産的」に扱う「所有権アナロジー」が可能か否かを検証する必要がある。「個人データという情報」は、原則として「秘密」の一形態であるから、一般的には「秘密型」の保護が適していると思われる。しかし、行政機関が収集する個人データは、「①行政と市民という関係性が明白でパターン化しやすく、②データの収集は強制的であり例外が許されず、③憲法が保障する基本的人権に近い性格を持っている」ため、これを例外的に「資産」に準じて処理することは可能と考える（林［2013］）。

　上記の諸点を勘案して、本書では、地方自治体における住民の「個人データ」に対する保護の考え方として、個人データを個人の「資産」に類似したものとして処理する方法を採用することを前提に、地方自治体による「世帯」単位での個人データの利用の実情に合わせた個人データの保護対策のあり方を検討することとする。

　これは、個人データを「所有権アナロジー」に基づいて構想し、「自己情報コントロール権」的仕組みを採用することと同義となる。その前提となるのが、個人データの利用に対する「本人同意」のアプローチ方法である。なお、このアプローチ方法には、次の概念があり得る。

①事前同意（事前差し止め）を前提とする「オプトイン（opt-in）」と、事後同意（事後差し止め）を前提とする「オプトアウト（opt-out）」

②利用を前提（デフォルト）に利用できない範囲をリスト化する「ブラックリスト方式」と、利用禁止を前提（デフォルト）に利用できる範囲をリスト化する「ホワイトリスト方式」

そのため、本書では、これらの2つの方法論に対して、地方自治体による「世帯」単位に着目した個人データの利用の実情に合わせた保護のあり方として、どのように適応することが妥当かを考察することを試みることにする。

　なお、「オプトイン（opt-in）」と「オプトアウト（opt-out）」の考え方については、2012年2月23日、アメリカ大統領府は、個人情報・プライバシー情報の保護とインターネット利用促進に向け、「我々は、もう待てない」とのキャッチフレーズとともに「プライバシー権利章典（Privacy Bill of Rights）」の草案を発表している。その中で、「消費者は、企業が収集および保持する個人データに合理的な制限を設ける権利を有する」と「DNT（Do Not Track）」という概念を明確化し、権利章典の基本方針としている。これは、アメリカが明確に「オプトアウト」の原則を支持していることを意味する。

　一方、欧州委員会は2012年1月末に、現在の「EUデータ保護指令」の改訂版となる「EUデータ保護規則」の原案を公表している。ここではアメリカが打ち出したオプトアウトの原則とは対照的に、改めて「オプトイン」の強化を示している。さらに同規則では、「忘却される権利」という新たな概念が示され、オプトアウトの徹底はもちろん、一定期間を経過したデータは事業者が自主的に消去すべきという概念も打ち出している（クロサカ［2012］）。

　こうした対立した考え方に対して、林・田川［2012］は、「程よい通信の秘密」を模索する思考実験の中で「オプト・インか、オプト・アウトかといった二者択一ではない選択肢の提示」との考え方を示し、著作権者自身が著作物の流通過程をコントロールしようとする「権利表示システム（Digital Rights Expression＝DRE）」の事例を参考に、「自己情報コントロール権」を主張する者による「プライバシーの権利表示」の概念を表明している。

　また、「ブラックリスト方式」と「ホワイトリスト方式」とは、いずれも対象を選別して受け入れたり拒絶したりする仕組みの一つである。目録に載っているものだけを拒絶し、それ以外は受け入れる方式のことを「ブラックリスト（black list）」、受け入れる対象を列挙した目録を作り、そこに載っていないものは拒絶する方式のことを「ホワイトリスト（white list）」と呼んでいる。例えば、青少年にインターネットを扱わせる場合、青少年に見せても安全なペー

ジだけを登録しておき、それ以外のページにはアクセスできないようにすると安全であることから、青少年に見せても安全なページのリストアップし、青少年に見せても安全なページ（ホワイトリスト）にしかアクセスできないようにすることなどがあげられる。

第4節　本書の全体構成

　本書では、前節までに示した問題意識や概念整理を行った2つの方法論をふまえ、地方自治体による「世帯」単位に着目した個人データの利用の実情に合わせた保護のあり方について、次の全体構成で考察を行うこととした（**図表0－3**）。

　本論文では、序章および6つの章と補章で構成されている。序章「問題設定」では、「世帯」単位の利用が具体的に問題となるケースを例示するとともに、その後の検討のために必要な用語を定義し、併せて論文の全体構成を紹介

図表0－3　本書の全体構成

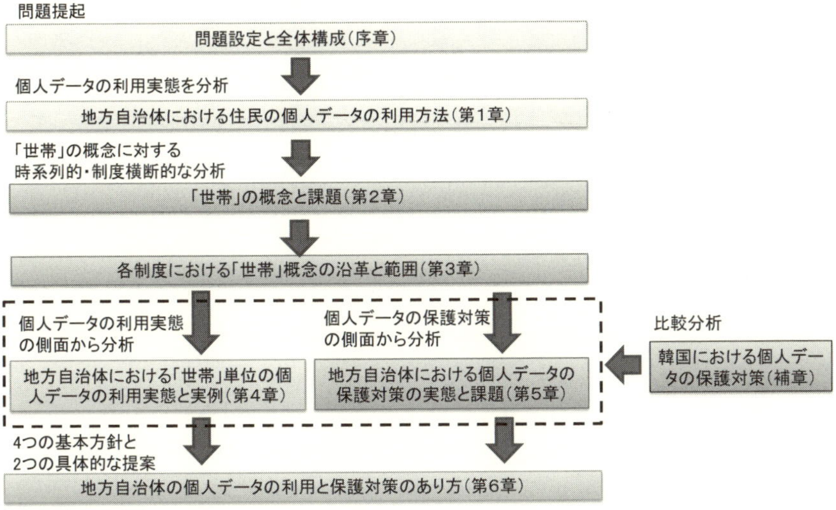

出典：著者作成

している。また、第1章「地方自治体における住民の個人データの利用方法」では、地方自治体の広域な業務を類型化し、保有する個人データの種別や、「個人単位」か「世帯」単位かといった利用実態を分析している。

次に、第2章および第3章は、「世帯」の概念に対する時系列的・制度横断的な分析を行っている。第2章「『世帯』の概念と課題」は、「世帯」概念の成立や扶養義務との関係を歴史的に辿り、その有用性や問題点（恣意的な「世帯分離」等）に触れている。さらに、第3章「各制度における『世帯』概念の沿革と範囲」では、住民基本台帳、地方税、医療保険、生活保護、手当の各制度を対比し、「世帯」が、どのように取り扱われているかを詳細に分析している。その結果、「世帯」が「同一生計・同一居住」を要件とする見方（総務省「住民基本台帳事務処理要領」）と、「同一生計」のみとする見方（健康保険法等）があり、各制度によって「世帯」の捉え方の範囲が微妙に異なっていることを明らかにするなど、問題の核心に迫った。

第4章と第5章は、前2章における理論的な分析を検証すべく、著者が中心となって行った3件のアンケート調査と2件の地方自治体へのヒアリング調査の結果を中心に議論を展開している。これらの調査結果に基づき、第4章「地方自治体における「世帯」単位の個人データの利用実態と実例」は、個人データの利用実態の側面から、第5章「地方自治体における個人データの保護対策の実態と課題」は、個人データの保護対策の側面から分析している。ここで、世帯構成員の個人データが必要な場合に、当該世帯構成員全員の同意を求める地方自治体と、申請者本人の同意で足りるとする地方自治体が併存していることや、国よりも先行した個人情報保護条例を制定しながらも、制度ごとに世帯情報を管理しているため、「世帯」単位の情報が全体として把握しきれていない実態等を明らかにしている。このことが、「世帯単位」での個人データの利用に対する不適切な取り扱いを誘発する原因の1つとなりうるのではないかと考えられる。

そこで、第6章「地方自治体の個人データの利用と保護対策のあり方」では、前章までに検討してきた諸点をふまえ、住民の個人データが「個人」単位と「世帯」単位で利用することが不可避であるとの前提に立ち、今後の地方自治体の個人データの利用と保護対策に向けて、次の4つの基本方針を提示して

いる。第1の方針は、住民の個人データの最大限の利用を前提とし、必要最低限の情報しか保有しないこと。第2の方針は、個人データの利用単位は「個人」を第一義としつつ、現行の社会保障制度の分野では世帯単位で事務が処理されていることを例外として是認すること。第3の方針は、例外的に「世帯」を単位として個人データを利用するため、個人としての住民本人が自己の情報をコントロールする機会を保障すること。第4の方針は、地方自治体の個人データを「世帯」単位で利用することに対して、計量的な実態調査に基づく対応を行うこと、である。この4つの基本方針をふまえ、番号制度の導入に伴い、国が地方自治体に整備を求めている「団体内統合宛名システム」と相互連携を図る形で現在の制度ごとに管理している世帯情報を統一的に管理する「統合世帯情報台帳」を構築することや、すでに一部の地方自治体で実施されている「本人通知制度」の採用という2つの具体的な提案を行っている。

なお、補章「韓国における個人データの保護対策」として、日本と同様に「世帯」単位の個人データの取り扱いが行われている海外事例として韓国を取り上げ、韓国の地方自治体の個人データの利用実態や保護対策について比較分析している。

次に、上記の全体構成に従って、具体的な考察の内容について述べていきたい。

注

3 この定額給付金制度に関して、湯淺［2009］は、「定額給付金のための個人データの取り扱いが市町村によって異なる実態に着目し、個人の尊厳にかかわる権利または法的利益の取り扱いについて、地方自治の本旨を損なうことのないように留意しつつも改めて見直していくことが必要とされる」と指摘している。

4 厚生労働省［2012］によると、「日本の社会保障制度には、国民皆保険制度、企業による雇用保障、子育て・介護における家族責任の重視、小規模で高齢世代中心の社会保障支出といった特徴があった（p.35-37）」と指摘している。つまり、日本の社会保障制度は、家族、地域、企業による生活の保障を代替あるいは補完する機能を果たす役割を担ってきた。なお、家族は社会の基礎的な構成単位であり、その役割は家族の構成員の生活を維持し、保証する生活維持の機能を有するものとされている。したがって、家族形態や社会経

済のあり方によって、その機能が果たす役割も大きく変わることになる。

5　2008年5月1日より、住民基本台帳法の一部を改正する法律（平成19年法律第75号）、住民基本台帳法施行令の一部を改正する政令（平成20年政令第76号）、住民基本台帳の一部の写しの閲覧および住民票の写し等の交付に関する省令等の一部を改正する省令（平成20年総務省令第38号）および戸籍の附票の写しに関する省令の一部を改正する省令（平成20年総務省・法務省令第1号）に基づき、地方自治体の窓口での本人確認が法律上のルール化されたものの、委任状の有無については、図表0-2に示す通り、本人以外にも一定の範囲内で不要であることが認められている。

第1章

地方自治体における住民の個人データの利用方法

第1節　地方自治体の行政サービスにおける個人データの取得
第2節　地方自治体が保有する個人データの種別
第3節　地方自治体の個人データの「世帯」単位での利用
第4節　「世帯」単位の利用と「世帯主」の位置づけ
第5節　「世帯」単位での個人データ利用の課題

第1章　地方自治体における住民の個人データの利用方法

第1節　地方自治体の行政サービスにおける個人データの取得

　行政機関のうちでも、特に地方自治体では、非常に多くの住民の個人データを保有しており、この個人データを利用して行政活動を行っているといっても過言ではない。ここで「保有する」ためには、住民の個人データを収集・保管することが必要となる。そこで、地方自治体が保有する住民の個人データの収集方法として、地方自治体が法的な強制的権限を行使し、住民に対して法的な届出等の義務に基づき、地方自治体に個人データを収集する場合と、権力的な形態以外の方法で収集する場合に分けた場合を縦軸に、地方自治体が積極的に収集する場合と、相手から提供させる場合を横軸に4区分して整理すると、次の通りとなる（**図表1−1**）。

　社会保障に関する給付行政サービスは、地方自治体等が住民に申請の形で個人データを提供させることから、権力的な個人データの収集が行われていると位置づけられる。申請書やその添付資料に記載している内容は、地方自治体に届出・報告・申請等の形態を通じて知らせなければ、給付行政サービスなどを得ることができないからである。

　なお、行政手続法における届出とは「行政庁に対し一定の事項の通知をする行為（申請に該当するものを除く）であって、法令により直接に当該通知が義務付けられているもの（自己の期待する一定の法律上の効果を発生させるため

図表1−1　地方自治体が保有する住民の個人データの収集方法

収集方法	自らが積極的に収集	相手から提供
権力的	・　法に基づく立入調査、立入検査、強制執行	・　法的に義務付けられている届出、報告、許認可および給付サービス等の申請 ・　契約上の義務的な情報提供
非権力的	・　法的に義務付けられていないアンケート調査、面談調査等	・　陳情、任意の情報提供 ・　契約上の義務付けられていない情報提供

出典：木佐・田中［2012］P152、図表5−1に基づき著者加筆修正

には当該通知をすべきこととされているものを含む）（行政手続法第2条第7項)」をいう。つまり、法令で義務付けられ、役所に対して一定の事項を通知する（知らせる）行為のことであり、例えば、転出入、出生・婚姻・死亡等の届出のことである。

　一方、行政手続法における申請とは「法令に基づき、行政庁の許可、認可、免許その他の自己に対し何らかの利益を付与する処分（以下「許認可等」という）を求める行為であって、当該行為に対して行政庁が諾否の応答をすべきこととされているもの（行政手続法第2条第7項)」をいう。つまり、法令で申し立てができる条件（資格要件）が定められ、役所に対して自己の希望を申し立て、一定の許可やサービスの給付などの効果（サービス）を求めることであり、例えば、証明書の交付、助成、減免等の申請等が挙げられる。

　なお、地方自治体が取り扱う「行政の手続き」の例としては、**図表1−2**の通りである。　その中でも、主に個人データが用いられるのは、申請主体が個人のケースとなるため、本書では申請主体が個人の場合の「行政の手続き」に限定して検討する。

第2節　地方自治体が保有する個人データの種別

　地方自治体では、主に行政サービスを提供するために、強制力を有する行政調査や届出、および任意による住民からの申請など、さまざまな手続きや方法を通じて、多くの住民の個人データを取得・保有し、利用しており、その範囲は幅広い**（図表1−3）**。

　その多くが、前述の通り（**図表1−1**、公権力の行使（法令等に基づく権限を持って強制的に行われるもの）等によって取得されたものである。また、たとえ地方自治体による不適切な個人データの取り扱いが明らかになったとしても、民間サービス等での代替手段がなければ住民は他に選択の余地がなく、法令等により権限として個人データの収集・利用は継続される構造にある。

　このことから、多くの個人データを保有している地方自治体同士がつながることで、「行政として番号を用いて自由にマッチングされて使われてしまうのではないか」との懸念を引き起こす要因となっている[6]。

30

第1章　地方自治体における住民の個人データの利用方法

図表1−2　地方自治体が取り扱う行政手続きの例

分野	手続き例	申請主体
住民票・戸籍に関するもの	・　住民票の写し等の交付請求、戸籍謄抄本の交付請求、転出入の届出	個人
旅券に関するもの	・　旅券発給申請関係手続	個人
社会福祉・年金・保険に関するもの	・　介護給付費の請求、国民年金関係手続、介護保険関係手続、保育の申請、妊娠の届出、児童手当の認定請求	個人
教育文化に関するもの	・　学校設置・廃止の認可申請、埋蔵文化財発掘届出	事業者、団体
環境に関するもの	・　特定化学物質の排出量等の届出、自然公園関係手続、大気汚染防止、騒音規制関係手続、廃棄物処理業の許可申請	事業者、団体
農林水産に関するもの	・　海洋生物資源の採捕に関する報告、農地転用許可申請、家畜の伝染疾病発生の届出、森林伐採の届出、漁船の登録申請	事業者、団体
建設に関するもの	・　建築確認申請、都市計画区域内の開発許可申請、建設業の許可申請（一都道府県内）、河川敷地の占用許可申請	事業者、団体
交通・運輸・通信に関するもの	・　道路使用許可申請、特殊車両の通行許可申請	事業者、団体
小売・飲食店に関するもの	・　大規模小売店舗の新設届出、飲食店営業の許可申請、古物商の許可申請	事業者、団体
金融・保険に関するもの	・　信用保証の特例措置に係る特定中小企業者の認定申請、貸金業の登録申請	事業者、団体
雇用・労働に関するもの	・　職業訓練の認定申請	事業者、団体
防災に関するもの	・　消防用設備等の設置届出・点検報告、消防設備士試験	事業者、団体等
所得税・法人税・消費税に関するもの	・　地方税関連	個人や事業者、団体

出典：木佐・田中［2012］P152、図表5−1に基づき著者加筆修正

図表1-3　地方自治体が保有する具体的な住民の個人データの種別

①基本的事項	氏名、性別、生年月日・年齢、住所、電話番号、メールアドレス 国籍・本籍、出生認知、養子縁組などの戸籍の身分事項など
②家庭生活	世帯主、続柄・家族関係、家族の名前、家庭生活の状況、親族関係、婚姻関係、居住状況など
③社会生活	職業・職歴・勤務先、学業・学歴・通学先、職位、承継人の立場などの地位、資格・免許、NPOや町内会などの加入団体状況、賞罰・犯罪歴など
④経済活動	収入状況（年収）、資産・財産状況、課税・納税状況（税額）、取引状況（購買履歴）、公的扶助（受給の有無など）、口座番号、金融与信情報など
⑤心身関係	健康状態（現在の身体状況、病歴（過去の病気の有無など）、妊娠・出産歴、障害（認定）の有無、容姿・特徴など
⑥就学関係	学業成績、勤務成績、試験成績など
⑦趣味・嗜好	支持政党、宗教、主義・主張（思想・信条）、趣味・趣向など

出典：「米子市個人情報保護マニュアル」から著者加筆修正

第3節　地方自治体の個人データの「世帯」単位での利用

　こうして地方自治体が収集し保有している住民の個人データは、地方自治体が行う社会保険、年金、医療助成、失業給付、老齢給付、公的扶助（生活保護）、児童手当、社会保障などの行政サービスを提供するために利用されている。

　例えば、政府の「社会保障・税に関わる番号制度に関する検討会（第5回）」で埼玉県川口市が提出した資料によると、川口市では、7桁の市独自の番号[7]をそれぞれ住民に付け、個人データを名寄せにて突合し、「所得情報」などを把握・捕捉した上で、住民基本台帳などの「家族（世帯）構成情報」に基づく扶養控除などを考慮し、課税しているほか、住民基本台帳の住所などの「居住情報」に基づき、転出した住民などに対しても課税している。さらに、これからの「所得情報」や「課税情報」を福祉部・健康増進部に提供し、住民基本台帳の住所などの「居住情報」や「家族（世帯）構成情報」をふまえて正確な保険料や税額を算定すると共に、適正な給付サービスを実施するために利用して

第 1 章　地方自治体における住民の個人データの利用方法

いるのである（**図表1−4**）。

　このように、地方自治体の行政サービスにおいて、特に社会保障に関する給付行政サービスにおいて、「居住情報」や「家族（世帯）構成情報」、「所得情報」や「課税情報」などの住民の個人データを、「世帯」単位で利用している。例えば、社会保障に関する給付行政サービスを行うにあたり、資格要件を確認するため、「世帯」単位での所得確認を行っている（**図表1−5**）。

　つまり、地方自治体の個人データの利用実態から見ると、行政サービスの提供に必要な住民の個人データの利用単位は、給付資格の要否判定を行っている社会保障に関する給付行政サービスを中心として、「世帯」単位となっている。

図表1−4　川口市における税と社会保障の連携による個人データの利用方法

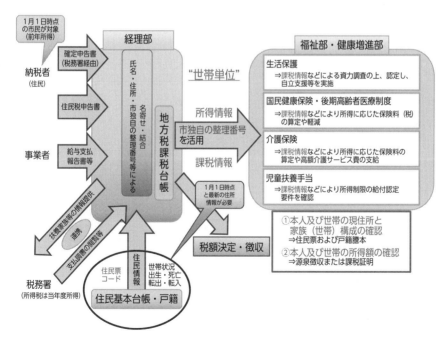

出典：川口市［2010］に対して著者加筆修正

図表1-5　給付行政サービスである社会保障の給付・負担に関わる世帯の所得確認状況

給付行政サービス名	給付・負担内容	実施主体	資格要件（所得要件・制限等の内容）⇒世帯単位での所得情報	確認方法
国民年金保険料納付の申請免除（全額免除）	【対象者】 国民年金の第1号被保険者であって、本人、配偶者、被保険者の属する世帯の世帯主のいずれもが、以下のいずれかの要件を満たす者 ①前年所得が一定以下 ②地方税法に定める障害者又は寡婦であって、前年の所得が一定以下等 【負担内容（平成17年度）】 月額1万3580円を全額免除	国	①所得要件の基準額（総所得ベース） ・単身世帯の場合は57万円 ・2人世帯の場合は92万円 ・4人世帯の場合は162万円 ②所得要件の基準額（総所得ベース） ・125万円	申請に基づき、市区町村が住民課税台帳等から確認
国民健康保険における療養の給付	【対象者】 被保険者 【給付内容】 医療費のうち、以下の定率の一部負担金を除いた部分について給付 ①3割負担：3歳以上70歳未満 ②1割負担（一定以上所得者2割負担）：70歳以上 ③2割負担：3歳未満	市町村	①70歳以上の一定以上所得者 ・70歳以上の世帯員で市町村民税上の課税所得の合計が145万円以上の者がいる場合 （70歳以上の者の年収の合計が621万円未満、単身世帯の場合は484万円未満の場合を除く）	市町村が住民課税台帳により確認
健康保険制度における入院時食事療養費	【対象者】 被保険者及び被扶養者 【給付内容】 入院時の食事に係る費用について、以下の標準負担額を控除した額を給付 【標準負担額】 ①一般：780円／日 ②70歳未満の低所得者：650円／日 ・低所得者かつ長期（直近12か月の入院日数が90日超）の場合：500円／日 ③70歳以上の者 ・低所得者Ⅱ：650円／日 ・低所得者Ⅱかつ長期（直近12か月の入院日数が90日超）：500円／日 ・低所得者Ⅰ：300円／日	国・健康保険組合	①70歳未満の者 被保険者の所得状況により2段階に区分 ・低所得者…市町村民税非課税の場合 ・一般…上記以外の場合 ②70歳以上の者 被保険者等の所得状況により3段階に区分 ・低所得者Ⅱ…市町村民税非課税の場合 ・低所得者Ⅰ…被保険者及び被扶養者のすべてが市町村民税非課税かつ各種所得の金額等のない場合 ・一般…上記以外の場合	①70歳未満の低所得者及び70歳以上の低所得者Ⅱ： ・保険者が本人の申告に基づき、市町村が発行する非課税証明書により確認 ・70歳以上の低所得者Ⅰ： ・保険者が本人の申告に基づき、市町村が発行する非課税証明書及び公的年金等源泉徴収票等の収入がわかる書類により確認
国民健康保険料	【対象者】市町村 国民健康保険の被保険者の属する世帯の世帯主 【負担内容】 国民健康保険事業に要する費用	市町村	「所得割」…基本的に、被保険者の所得状況に応じて賦課されるが、その他に以下のものが課される場合がある。いずれも市町村によって料率、金額は異なる。 ・「資産割」…被保険者の固定資産税額に応じて賦課 ・「均等割」…被保険者毎に一定額を賦課 ・「平等割」…被保険者の属する世帯毎に一定額を賦課	市町村が住民課税台帳により確認

出典：厚生労働省の提出資料

第1章　地方自治体における住民の個人データの利用方法

第4節　「世帯」単位の利用と「世帯主」の位置づけ

　地方自治体の業務において、住民の個人データを「世帯」単位にて利用していることと並行して、地方自治体の行政手続きでは、申請の主体の多くが「世帯主」となっている。例えば、転入届は、「世帯」単位で、主に世帯主によって申請が行われる（**図表1−6**）。

　「世帯主」とは、「その世帯の生計を維持している者で、その世帯を代表する者として社会一般に認められる者（所帯主）」とされる[8]が、明治時代の民法における戸主のように世帯員に対して法律上の統制力を有する者ではなく、現在の社会通念上、単にその世帯を代表する者として認められるにすぎない。

　ただし、行政手続き上、例えば、国民健康保険制度（国保）では、世帯主が国保に加入していない場合でも、その世帯の家族の国保に関する届け出や保険料の納付については、世帯主が義務を負うことになっている（国民健康保険法第76条第1項、第76条の3第1項）。

図表1-6　世帯全員の転入・転出

他地方公共団体への世帯全員の引越（世帯転出／転入）

今までの住所
（転出元自治体）
6人家族

新しい住所
（転入先自治体）
6人家族

No	続柄	年齢	資格状態
1	本人	35歳	国民健康保険に加入 児童手当を受給
2	配偶者	34歳	国民健康保険に加入
3	長男	7歳	国民健康保険に加入 学校に通学
4	長女	3歳	国民健康保険に加入 乳幼児医療費資格あり
5	父	68歳	国民健康保険に加入 介護保険に加入
6	母	69歳	国民健康保険に加入 介護保険に加入

行政への手続

A.転出元地方公共団体への異動手続（5手続）

・転出届、国保資格喪失届、児童手当受給資格消滅届、乳幼児医療費受給資格消滅届、粗大ごみの申請

B.転入先地方公共団体への異動手続（5手続）

・転入届、国保資格取得届、児童手当認定申請、介護保険認定請求、乳幼児医療費助成申請

民間等への手続き

C.契約の変更など（3手続）

・電力会社（開始・停止）、水道、新聞

D.住所の変更（3手続）

・郵便局、生命保険、通販会社

転入届に伴って複数業務に渡って手続きを行う必要がある

出典：総務省のサイト

35

また、住民の個人データを「世帯」単位にて利用している具体的な事例として、「投票所入場券」の交付事務を取り上げたい。選挙の投票所入場券とは、選挙の投票所における事務処理のために事前に選挙人に交付される文書のことである。投票所入場券には、対象となる選挙の名称、投票日時、投票所、選挙人の住所・性別・氏名・名簿番号・選挙人の受付番号等が記載されている。選挙人は、投票（期日前投票を含む）をするときに投票所に投票所入場券を持参し、係員に渡し投票用紙と引き換えて投票する。また投票所入場券は、氏名の記された本人以外は使用できないので、選挙権の証明書の代わりになると言える。ただし、自宅に置き忘れた、紛失した等の理由で投票所入場券を持参していない場合でも、投票日当日に選挙権があれば投票できるが、本人であることを証明する本人確認が求められる。

　この投票所入場券の交付の根拠は、「市町村の選挙管理委員会は、特別の事情がない限り、選挙の期日の公示または告示の日以後できるだけ速やかに選挙人に投票所入場券を交付するように努めなければならない」（公職選挙法施行令第31条１項）との規定に基づいている。つまり、この規定に基づき、投票所入場券を交付することは、市町村選挙管理委員会の努力義務とされている。ただし、交付の配布方法等については、特に定めがない。

　また、投票所入場券の裏面に期日前投票で必要となる宣誓書の記入欄を印刷している地方自治体も多い。この場合、期日前投票をするときはあらかじめ記入欄に必要事項を記入し投票所で係員に渡すことになる。投票所入場券に宣誓書記入欄がない場合や投票所入場券を持参しなかった場合は、投票所で宣誓書に記入することになる。おそらく期日前投票所において投票を行う場合に記入が義務づけられている宣誓書の記入を、１人１枚の投票所入場整理券に印刷しておき、あらかじめ記入して持参してもらうようにして、期日前投票所での投票時間の短縮と手続きの簡便化を図ったものと考えられる。なお、この宣誓書の様式は、公職選挙法自体には定めはないが、「選挙人は、法第四十八条の二第一項の規定による投票をしようとする場合においては、同項各号に掲げる事由のうち選挙の当日自らが該当すると見込まれる事由を申し立て、かつ、当該申立てが真正であることを誓う旨の宣誓書を提出しなければならない。」（公職選挙法施行令第49条第８項）との規定に基づき宣誓書提出義務が定められてい

る。

　福岡市では、「投票所入場整理券の様式等に関する規程（選挙管理委員会規程第４号)」に基づき、投票所整理券の書式を定める規程を制定している。つまり、この規程に基づき、投票所入場券の「様式」を個人別のハガキとすることが定められているのである（**図表1－7**）。なお、投票所入場券の「様式」を独立した規程として制定する地方自治体は珍しく、多くの地方自治体では「選挙事務取扱規程」とか「公職選挙執行に関する規程」、「公職選挙管理執行規程」等の中で、投票所入場券の様式を定めている。ただし、特に条例や規程には、様式の定めがないという地方自治体も少なくない。

　ところで、本書で着目すべきは、この選挙の投票所入場券の交付にあたり、世帯別にまとめて１枚のハガキで交付している、という地方自治体が数多く存在している点である。特に、2010年７月11日に行われた第22回参議院議員通常選挙の頃から、多くの地方自治体では、１人１枚ずつ郵送するのではなく、入

図表1-7　福岡市における投票所入場整理券の様式（様式１）

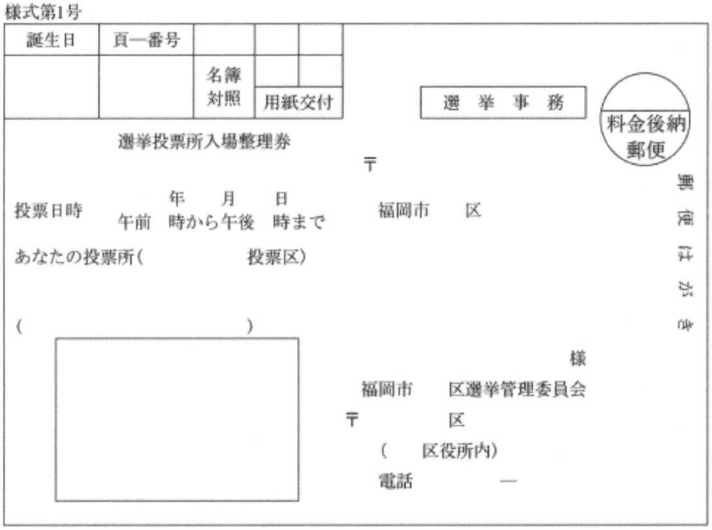

出典：福岡市　投票所入場整理券の様式等に関する規程

場券を世帯別にまとめて封書により送付するように変更している。例えば、群馬県邑楽郡大泉町では、1人1枚ずつ投票所入場券ハガキから、世帯ごとに有権者4人までを1枚にまとめた圧着式ハガキの投票所入場券に変更している（**図表1-8**）。1枚のハガキに同じ世帯の複数の有権者の入場券を印刷（連記）して郵送するので、この方法が最も安価なのである。

　この理由として、行政改革の一環として経費節減という側面が強いことが挙げられる。例えば、財務省主計局［2009］の『予算執行調査資料（総括調査票）』によると、「選挙執行委託費」の「今後の改善点・検討の方向性」として「投票所入場券および選挙公報の送付方法等について、より効率的手法を検討すべきである。」として「投票所入場券は世帯別送付が経済的・効率的であり実施を検討すべき」との指摘を行っている。こうした指摘に対して、総務省でも2010年の「参議院議員通常選挙関係経費」に関する「施策・事業シート（概要説明書）」に「投票所入場券発送方法の変更による経費の圧縮」が示されている。

　こうした動きは、経費節減を目的に全国の地方自治体で広がりを見せている。ところが、週刊誌『週刊金曜日』［2010年6月29日］の記事によると、同

図表1-8　群馬県邑楽郡大泉町における投票所入場整理券のサンプル

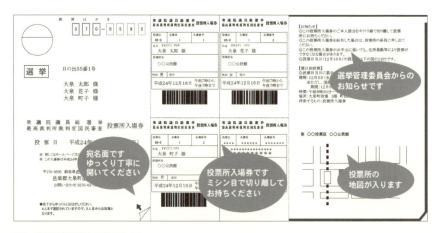

出典：群馬県邑楽郡大泉町のサイト

じく圧着式封書により、世帯主あてに世帯分をまとめて送付する方式に変更した宮城県仙台市では、市内のNPO法人「イコールネット仙台」、「リプロネットみやぎ」等の30の市民団体が、従来通り入場券を個人ごとに送付することを求め、「参議院議員選挙 投票所入場券の配付方法について要望書」を市選挙管理委員会委員長宛に提出している。市民団体などからは、入場券送付方式の変更について、①個人の人権としての参政権の保障という点で、世帯主とそうでない人との差別が生じることになる、②「個」を基本とする男女共同参画社会基本法の理念をはずれるものであるなどの声が挙がっているという。特に、前述した週刊誌の記事では、世帯単位の一括送付となった場合、DV（ドメスティック・バイオレンス）の被害者などが家から出ている時、従来の個人宛ならば1人だけ転送可能だったものが、世帯ごとでは、一部だけ転送することができなくなる。さらに世帯主宛では世帯主が開封するまでは他の世帯員が入場券を受け取ることが困難になる可能性がある。また、「20歳を迎えた有権者が、初めて自分宛に個別の入場券が届くことによって、自分が大人になったことを自覚し、投票につながった」との例もあるなどといった世帯主一括送付に対する問題を指摘している。

このように、地方自治体の業務において、住民の個人データを「世帯」単位にて利用していることに対しては、さまざまな問題をはらむことにもなっている。

第5節 「世帯」単位での個人データ利用の課題

本節では、地方自治体において、「世帯」単位で個人データを利用する場合の課題について検討する。例えば、地方自治体の窓口で行われる「課税証明書」の交付の流れから、課題を捉えてみたい（**図表1−9**）。

この問題を捉えるため、地方税事務研究会［2008］では、次の2つのケースを想定して検討しているため、その2つのケースについて紹介する。

まず、1つ目のケースでは「地方自治体の税務課の窓口に、医療助成の申請を行うため、父親Aさん（53歳）から同居する娘Bさん（32歳）の課税証明書

図表1-9　課税証明書の交付までの流れ

出典：地方税事務研究会［2008］

の交付申請があった。なお、Aさんの本人確認は、運転免許証で取れたが、同居するBさんの委任状（同意書）は持参していなかった」という場合、交付は可能だろうか。

次に、2つ目のケースでは「地方自治体の税務課の窓口に、介護保険の免除申請を行うため、Cさん（66歳）から配偶者（妻）Dさん（63歳）の課税証明書の交付申請があった。なお、Cさんの本人確認は、運転免許証で取れたが、CさんはDさんとは現在離婚協議中のため、Dさんの委任状（同意書）は持参できなかった」という場合、交付は可能だろうか。

この前提として、「課税証明書」の交付を判断する原則を押さえておきたい。まず、課税等の税務証明書が申請できるのは、納税者本人であること（本人限定）。本人以外の第三者には、原則として税務証明書の交付を求める請求権はなく、委任状（同意書）が必要である。特に、「課税証明書」の交付に当たっては、地方税法上の守秘義務の規定（租税情報の開示禁止原則）に照らして可能かどうかを判断することが求められる。

ただし、委任状（同意書）なしが考えられる場合として、未成年の子供の親の場合は、親権者等民法上の法定代理人（民法第818条および民法第824条）が、本人に代わって申請可能とされ、夫婦の場合も婚姻関係が別居等の破綻状態に陥っていない場合に限り、民法上の日常家事代理権（民法第761条）の延長上として、本人に代わって申請可能とされる。さらに、生計を一にする親族・家族の場合でも、民法上、親族間の相互扶助・協力関係（民法第730条）が義務付けられており、一定の法律行為について、口頭または暗黙の承諾が本人から与えられているものと考えられる（推定される）ため、本人に代わって

第1章　地方自治体における住民の個人データの利用方法

申請可能（推定的承諾）とされる。つまり、かなり広範囲な範囲での世帯員で
あれば、本人の同意がなくても交付可能とされている。

　地方税事務研究会［2008］では、これらの考え方に基づき、1つ目のケース
では、同一生計かどうかで判断が分かれることとなる。つまり、同一生計であ
れば、同居する娘Bさん（32歳）からの推定的承諾があるものとして交付可能
であり、別生計であれば、委任状（同意書）がなければ交付不可となる。ま
た、2つ目のケースでは、推定的承諾が否認されると考えられるため、交付不
可となる。ただし、いずれも、個々の地方自治体で本人から直接事情を窓口で
聞き、家族からの同意が得られるものと考えられるかどうかを判断することに
なることを指摘している。

　このため、それぞれの地方自治体や担当者により、見解が異なる判断が生ま
れる可能性をはらむことになる。実際にこうした見解が異なる判断を悪用した
事件も起きている。2012年に起きた逗子市ストーカー殺人事件では、加害男性
が依頼した探偵事務所から、さらに調査依頼を受けた調査会社の実質経営者が
被害女性の住所を聞き出すため、事件前日の2012年11月5日に被害女性の夫を
装って逗子市役所に電話をかけて「家内の税金の支払いの請求が来ているが、
住所が間違っていないか」などと質問し、応対した市役所職員に被害女性の住
所情報を調べるための不要なコンピュータ操作をさせた偽計業務妨害罪容疑で
逮捕され起訴されている（「共同通信」［2013/11/11］）。

　このような事件をふまえると、必ずしも世帯構成員は本人とみなせない、と
いった捉え方をする必要がある。つまり、地方自治体の「世帯」単位による個
人データの取り扱いとして、DV（家庭内暴力）の被害などによる「なりすま
し」の可能性も考慮に入れた保護対策が求められる。

注

6　特に、この懸念を露呈させたのが「住基ネット」の導入に対してである。「住基ネット」
　とは、住民票記載事項中の氏名、住所、性別、生年月日の4情報と、新たに記載事項とし
　て加えられる「住民票コード」（全国を通じて重複しない11桁の番号）およびこれらの変

41

更履歴等の付随情報（これら計6情報を「本人確認情報」と総称する。）を、全国の市区町村、都道府県、指定情報処理機関を結ぶネットワークにより共有するシステムのことである。この「住基ネット」に対しては、従来から個人情報の保護等の観点から強い批判があり、研究者やジャーナリスト、市民団体を中心に、導入阻止運動が展開された。その経緯については、小笠原［2003］を参照のこと。

7　どの地方自治体でも事務の効率化のために住民に番号を付けて管理しているが、例えば大阪府箕面市や石川県加賀市でも埼玉県川口市と同様に住民票コードをそのまま使わずに独自の番号を用いている。ただし、住民票コードと違う番号を使っていても、住民票コードとは関連付けている。その理由として、現実的に事実上の住所（居所）と住民票の住所が異なっている場合が多く、「住登外」として管理しているケースに対応するためである。なお、木下［2007］によると、住民票コードをそのまま使っている地方自治体も少数ではあるが、存在しているようである。

8　「住民基本台帳事務処理要領」によると、「世帯を構成する者のうちで、その世帯を主宰する者が世帯主」とし、「その世帯を主宰する者」とは、「主として世帯の生計を維持する者であって、その世帯を代表する者として社会通念上妥当とみとめられる者」と解する、としている。

42

第 2 章

「世帯」の概念と課題

第 1 節　「世帯」とは

第 2 節　行政における「世帯」概念の沿革

第 3 節　「世帯」単位を構成する前提となる「扶養」の概念

第 4 節　揺らぐ「世帯」概念の課題　―「世帯分離」―

第2章　「世帯」の概念と課題

第1節　「世帯」とは

　「世帯」は「所帯」から派生した用語と考えられ、統計調査における技術用語として外国から移入された用語の翻訳語であるとされる。そのため、現行法上の「世帯」は一義的に定義できない。例えば、総務省の「住民基本台帳事務処理要領」によると「世帯」とは、「実際に同一の住居で起居し、生計を同じくする者の集団」を、法律上一つの単位として処理する場合に示す用語とされている。また、世帯と類似する用語として「家族」があるが、家族とは、「同居親族と合わせて他出家族員（大学入学でよそに下宿している子供など）といった構成からなる社会単位」を示す用語であるのに対し、世帯とは、「同居親族とあわせて同居非親族（使用人なども）といった構成からなる家計単位・消費単位」を示す用語である（東京都市町村戸籍住民基本台帳事務協議会（編纂）［2008］）。

　前述の通り、特に社会保障に関する給付行政サービスは、「世帯」を単位として構成されている。その理由としては、例えば公的扶助においては、1929年に立法化された救護法において扶養義務者が扶養できないことを救護要件として規定していたことから、現在の生活保護法においても、生活保護における相互扶助の単位として、この「世帯単位」の原則が維持されている。また、1938年に立法化された国民健康保険法では、世帯主を組合員とし、組合員とその世帯員をもって被保険者とし、世帯主に医療費の一部負担額または保険料の納付義務を負わせており、これが現在にまで至っている。そのほか、高齢者や児童、身体および精神障害者、ひとり親家庭などの対象別社会保障においても、それぞれの対象者の生活問題を、「個人単位」ではなく、「同一世帯には扶養の義務が生じる」との考え方に基づき、給付行政サービスの要件や費用徴収において「生計を一にする者」の全体の経済力を勘案し、「世帯単位」の経済力で給付サービスの水準を判断する仕組みとなっている（「世帯単位」の原則）。

　日本では、憲法第25条において「健康で文化的な最低限度の生活を営む権利（生存権）」が明文化され、生活保護法は、憲法のこの条項をふまえ、その第1条に、生活に困窮するすべての国民に対して国がその最低限度の生活を保障す

45

るものとして規定している。しかし、この法律は、生活に困窮する者が直ちに生活保護を受け得るものとせず、生活保護法による保護に先立って困窮者本人がその利用し得る能力・資産等をその最低生活のために利用することを要件としているのである。その要件として、民法に定める扶養義務者の扶養や、他の法律に定める扶助が生活保護法による保護に優先して行われるもの（生活保護法第4条第1項、第2項）としている（「補足性の原理」）。その上で、岡田［2002］によると、生活保護を「世帯単位」で認定することにより、民法の扶養義務者の範囲を補充し、扶養義務の内容・範囲を実質的に強化拡大する役割を果たしているという。

　なお、地方自治法第2条第8項に定められている「自治事務（地方自治体が法令の範囲で自主的に責任をもって処理する事務)」である住民基本台帳法の住民票における「居住と生計を共にする社会生活上の単位」とする世帯[9]と、他方、社会保障分野においては、例えば「被保険者の三親等内の親族で前号に掲げる者以外のものであって、その被保険者と同一の世帯に属し、主としてその被保険者により生計を維持するもの」（健康保険法第3条第7項第2号）との規定から、同一生計のみを要件とし、必ずしも「同一居住」を要件としていないとする世帯[10]とは、その範囲などが微妙に異なっている。具体的には、世帯の定義は、「居住と生計をともにする社会生活上の単位」である（住民基本台帳法）が、社会保障分野においては、「配偶者（事実婚を含む）および子については被保険者により専ら生計を維持される（国民健康保険法)」との規定から、同一生計のみを要件とし、「居住」を要件としていない。つまり、「世帯」とは実質的な概念であり、これを認定するのに形式的標準はなく、個々の場合に生活の実質的関係に基づき、具体的に判断されることになる。

　上記の整理から、「世帯」の概念としては、次の通りに大別することができる（**図表2-1**)。

　また、「生計を共にする」と「生計を一（いつ）にする」との概念も異なる。具体的には、「生計を共にする」とは何らかの経済的依存関係が存在することであり、「生計を一つにする」とは全面的に扶養・被扶養の関係にあることをいう。つまり「生計を共にする」場合、住民票の世帯とみなす条件のことであるのに対して、「生計を一にする」とは、必ずしも同一の家屋に起居している

第2章 「世帯」の概念と課題

ことをいうものではなく、所得税や住民税等の扶養控除の際の条件とされている。例えば、勤務の都合で、家族と別居しまたは修学もしくは療養などのために日常の起居を共にしていない場合でも、勤務、修学などの余暇には起居を共にすることを常例としている場合、または、これらの親族間において、常に生活費、学資金、療養費などの送金が行われている場合には、生計を一にする親族となる。これに対して、親族が同一の家屋に起居している場合であっても、明らかに互いに独立した日常生活を営んでいると認められる場合には、生計を一にする親族でないことになる（所得税法基本通達2-47）。

さらに、住民基本台帳上の世帯に対する厳密な基準は示されておらず、具体

図表2-1 「世帯」単位の概念の類型

世帯の範囲	分野	備考
同一生計・ 同一居住	民法、住民基本台帳、国勢調査	・ 住民票の「世帯」は、「居住と生計を共にする」ことだが、国保（国民健康保険）の「世帯」単位は、住民票の世帯と連動するものの、健康保険（組合管掌健康保険・全国健康保険協会管掌健康保険）とは別の「世帯」単位となるため、被用者保険（サラリーマンの保険）の被扶養者を除いた国保世帯として住民票とは別世帯の構成となる。 ・ 後期高齢者医療制度や介護保険も、国民健康保険と同様に、住民票で「住所」、「世帯」を判断するのが原則となる（ただし、例外等あり）。
同一生計	社会保障、保険、福祉、税)	・ 税の世帯とは、世帯主と扶養家族（居住は別でも、親族で生計を一にする、所得38万円以下の人）で構成され、住民票と同じ世帯である必要はない。また福祉制度における世帯も、この考え方に類似している。 ・ 健康保険（組合管掌健康保険・全国健康保険協会管掌健康保険）の世帯とは、被用者保険（サラリーマンの保険）と被扶養者（居住は別でも、被扶養者に生計依存）で構成され、国保（国民健康保険）とは別の「世帯」単位である。

出典：東京都市町村戸籍住民基本台帳事務協議会（編さん）[2008]、牧園 [1999]、太田 [2006]、太田 [2013]
等から著者作成

的に、どのように「世帯」を認定するかは、地方自治体の市町村長の判断に委ねられている。また「世帯主」の認定に当たっても、当事者の主観が重視され、届出人の申し出に委ねられているのが実態である。このため、住民基本台帳上の世帯は、国勢調査上の「世帯」や、いわゆる「2世帯住宅」の世帯とは必ずしも一致するわけではない。また個々人の住民によっても捉え方が異なり、伝統的な親族関係で捉えて戸籍と住民票とが混同される場合や、同一世帯であることと扶養関係であることを混同されている場合も見られる。

　また、世帯を構成する者のうちで、主としてその世帯の生計を維持する者であって、その世帯を代表する者として社会通念上妥当と認められる者は「世帯主」とされる（事務処理要領第1-4）。この世帯主も、世帯と同様に客観的にその生活態様を観察し、具体的事実に徴して判断されることになる。

　このように、行政サービスの分野により「世帯」の範囲（捉え方）が異なることから、「自分の個人データを地方自治体が利用している」と住民本人が認識していないケースを，生じさせる可能性が潜んでいる。このことが、地方自治体の「世帯」単位による個人データの利用実態における最大の課題と言える。

第2節　行政における「世帯」概念の沿革

（1）「世帯」概念の成立と展開

　「世帯」という用語が用いられるようになったのは、「家」が現実の家族的共同生活から大きく遊離していく中で、「世帯」が国民の生活実態を把握するための手段として国家の行政用語として採用されたからである。とりわけ、国による国勢調査が行われるのに際し、調査単位の用語として定着していった（宇野［1981]）。

　一方、行政サービスとして「世帯」を提示する戸籍法が1871年5月に公布され、1872年2月に施行された。つまり、いわゆる「壬申戸籍」が戸籍法で編製され、全国的に戸籍が編製されたのである。この「壬申戸籍」では、全国民を対象とし「其居住ノ地に就テ之ヲ収メ」と規定し、戸籍は生活の実態と合致するものと考えられていた。そのため、戸籍上の「家」は実際に存在する「家

族」を正しく表示するものとされていた。ここでの「戸籍簿」の記載は、戸主を筆頭に「戸籍同戸列次ノ順」に従って家族員を列記するものとされ、それは原則として「現実に共同生活を営む世帯の範囲」に限定されていた。

　一方、「戸籍」は、「血縁を中心とする親族」を中心とする編製方法を採っていたため、本来は他家の被扶養者として登載されるべき者（独立の生計を維持できず、家の生活単位を構成し得ない老幼・貧困者）を血縁の有無に関係なく「附籍」として編製し、90日以上の不在者を「寄留」として登載するという方法を採っていた。そのため、全体として見れば、「戸籍」は実際に存在する「家族」を表示するものとはなったが、今度は経済が発達し都市と農村との間の人口移動が活発になるにつれ、寄留人口は増大し、「戸籍」に登載されている者のほとんどが寄留者ともなる事態が発生し、もはや「戸籍」は実際に「戸」に実在する者を把握する制度としての機能が失われていった。そこで政府は、1886年10月に「戸籍取扱手続」（内務省令第22号）で「寄留簿」を整備し、①「一世帯をなす者」、②「一世帯をなさない者」の２つに分けることにした。ここに初めて「世帯」という用語が登場したのである。そして、「戸籍」の「戸口表」には「住居と家計を共にする生活共同体を構成する者」を意味する「現住にして一世帯をなす者」を記載すべきとした（1886年５月内務省令第３号「戸籍表改正」）。

　また、戸籍の編製基準が現代の家族構成とほぼ合致するようになってからは、住所地へ本籍を移動させる者が漸増しているが、大正時代ではいまだ本籍は軽々しく動かすものではないという観念でこれを移動させることを嫌った。そこで、1914年に寄留法が施行され、本籍地以外に住む者にその届出をさせた。住所地には「寄留簿」が整備され、住民の本籍、住所、氏名、出生年月日等が記載された。これは、現在の「住民基本台帳」に当たるものである。また、本籍地には「出寄留簿」が整備され、本籍人の住所が記載された。これは、現在の住民基本台帳法による戸籍の附票に当たるものである。この結果、戸籍の異動については住所地に、住所の異動については本籍地へと相互に連絡するように定められた。さらに、1940年頃には配給制度の実施に伴い、「世帯台帳」が整備された。

　一方、1895年９月に「万国統計協会」から1900年を期した民勢調査（いわゆ

る「世紀センサス」）を世界各国と共に施行するように日本政府にも要請があった。これを受けて、帝国議会は施行を決議し、さらに1878年に結成された民間団体「製表社」（後の「東京統計協会」）からの働きかけがあったのにもかかわらず、日本政府はすぐに着手せず、民勢調査は実施されなかった。なお、この時の東京統計協会「人口調査草案」（国勢調査実施の提言）によれば、「一世帯トハ家計ヲ共ニシテ同居スル一団族」、つまり「居住と生計を共にする集団」と定義されていた。

その後も熱心な「東京統計協会」および統計界の要請を受け、1902年に「国勢調査ニ関スル法律案」が可決され、1905年に第1回の「国勢調査」が行われることになった。ただし、日露戦争が勃発したため、無期延期となり、実際に第1回の「国勢調査」が行われたのは、1920年であった。この年には、台湾・朝鮮でも実施されている。なお、この前年の1919年に「国勢調査施行令」が施行され、その中で「本令ニ於テ世帯ト称スルハ居住及家計ヲ共ニスル者ヲ謂ウ」と定義し、国民生活の実態を捉えるために世帯で把握することを規定した。以降、国勢調査の人口調査の単位として、世帯の概念が定着した。このことは、戸籍制度とは別に、「世帯」という単位に着目して国民に生活実態を把握しなければ、捉えきれない状況に至ったことを示すものであり、国勢調査の実施は、その分岐点と言える。以降、今日に至るまで、国民の生活実態の把握は、戸籍と「世帯」との両面から行われることとなる。

なお、「国勢調査」は行われなかったが、1905年以降「市勢調査」などの地域的な人口センサスが各地で試験的に行われた。主だったものを挙げると「臨時台湾戸口調査」（1905年10月1日）、「新潟県佐渡郡郡勢調査」（1909年12月1日）などが挙げられる。この調査に当たっては、「所帯票」に基づく世帯調査方式が採られた（東京市および神戸市では「人別票」（個人票）も併用された）。「所帯票」には「住居と家計を共にする生活共同体を構成する者」が記載された。ここでは僕婢なども記載されたが、住居あるいは家計を別にする者は所帯を別にするものとして同一所帯には構成されなかった。

さらに、本籍以外の一定の場所で、90日以上住所または居所を持つことは、前述の通り、寄留法に基づき「寄留簿」で行われてきた。しかしながら、戦後に入り、その寄留法が廃止され、1951年に住民登録法が施行された。この時、

第2章 「世帯」の概念と課題

「住民票は、市町村の区域内に住所を有する者について、世帯を単位として作製するものとする（第3条）」と定義し、居住関係を示す公証する公簿として世帯の概念を規定した。ただし、国民健康保険、国民年金、食糧配給に関する届出など住民の届出に関する制度は、各種の行政サービスごとに個々に定められていた。

　ところが、1967年に、住民登録法は廃止され、住民登録の新たな制度となる住民基本台帳法が施行された。この時、「住民の居住関係の公証、選挙人名簿の登録その他の住民に関する事務の処理の基礎とするとともに住民の住所に関する届出等の簡素化を図り、あわせて住民に関する記録の適正な管理を図るため、住民に関する記録を正確かつ統一的に行う住民基本台帳の制度（第1条）」を定め、「市町村長は、個人を単位とする住民票を世帯ごとに編成して、住民基本台帳を作成しなければならない（第6条）」と規定し、その世帯とは「居住および生計を共にする者の集まり、または単独で居住し、生計を維持する者をいう（民事甲第2671号通達）」と定義して、居住関係を示す公証する公簿に加えて行政サービスを行う単位として用いられることとなった。このことから、行政サービスで用いる「世帯の概念」が確立されることとなったのである。

（2）社会保障の分野における「世帯」概念の成立と展開

　社会保障の分野において「世帯」という用語が登場するのが、1922年の救護法の領域においてである。その救護法に先立ち、日本における最初の救貧対策とされるのが、1874年に公布された恤救規則である。この恤救規則では、親族の有無が救助要件とされ、救助対象者も現実の生活関係ではなく戸籍上の関係を基準に認定され、「家」単位の救助を原則としていた（牧園［1999］）。

　しかし、その後、保護の対象が「家」から「世帯」へと移行する傾向がみられ、恤救規則に代わって、1929年に成立した救護法では「扶養義務者扶養ヲ為スルコトヲ得ルトキハ之ヲ救護セズ」とし、扶養義務者が扶養できないことを救護要件として規定した。つまり、扶養能力のある扶養義務者がいる場合は、扶養義務者に扶養させることにし、これによって民法の定める扶養義務の維持が図られることとなった。さらに1931年に成立した救護法施行令では「一人一

日二円五十銭以内、一『世帯』一日一円以内」と世帯を単位として初めて定めることになった。このことから、生活保護における相互扶助の単位として、「世帯」の概念が定着していったのである。

また、1938年に成立した国民健康保険法では「世帯主を組合員とし、組合員とその世帯員を持って被保険者」とし、世帯主に医療費の一部負担額または保険料の納付義務を負わせた。さらに、1939年には国民健康保険法の改正により、家族給付規程が創設され、その対象は被保険者と引き続き1年以上同一世帯に属する者で、かつ被保険者によって専らその生計を維持されるものと規定し、社会保険における家族給付には世帯の概念が定着した。

しかしながら、事実のみによる給付では、世帯を同じくしない限り給付を受けられないという問題を含むことになるため、1942年には、国民健康保険法をさらに改正し、配偶者（事実婚を含む）および子については被保険者により専ら生計を維持されるという要件のみで、被扶養者認定における世帯要件を緩和させている。

このように、生活保護の分野では戦前の救護法の流れを汲んで、1950年に成立した生活保護法では、保護の要否判定や保護の程度として世帯を単位に判断する「世帯単位」の原則を採用している。なお、国民健康保険では、原則として住民を被保険者として、個人を保険給付の単位としているが、保険料は世帯を単位に徴収し、取得や喪失の届出や交付請求権等の責任者を世帯主と定め、世帯を単位に被保険者を把握している。さらに、1972年に施行された児童手当法では、3歳未満の児童に対し、児童を扶養している者に支給され、かつ児童の扶養義務者等の所得による給付制限が加わっている。

つまり、社会保険に加え、老人、身体障害者、知的障害者、児童、母子家庭等の対象別社会保障においても、住民の生活問題は「個人」単位で判断されるのではなく、給付行政サービスの要件や費用徴収において、同一世帯には扶養の義務が生じるとの考え方に基づき、「世帯」単位での経済力で給付行政サービスの水準が判断されている。ただし、住民基本台帳法に基づく世帯と、社会保険の分野における世帯の概念は微妙に異なっていることにも留意が必要である。

なお、この社会保障の分野の給付行政サービスにおいて「世帯」単位か「個

人」単位かの問題が大きく取り上げられたのが、1985年の基礎年金改革の時である。この時、給付水準の設定や専業主婦に対する年金権の付与（いわゆる第3号被保険者制度の問題）が改革の焦点となったからである[11]。

　この改革の背景としては、次のようなものであった。これまで年金制度は、一般的なライフコースの姿として、就労という形でともに社会に参画し、所得を得るとともに、家族的責任をともに負った共働き夫婦を想定していた。そのため、中高年で離婚した場合等は、妻に年金受給権が保証されていなかった。一方、夫婦がどのような形で社会に参画し所得を得て、また家族的責任を果たすかということには、それぞれの夫婦の価値観や夫婦の置かれる状況によって一様ではなかった。従って、片働き世帯や単身世帯も含めて選択に幅のある中で、年金制度は、それぞれの生活実態に応じて生活の安定を図る必要が出てきたのである。このため、専業主婦にも年金受給権を付与するため、自らは保険料を負担しないものの夫の加入する年金制度が保険料を負担した（基礎年金拠出金）ものとして、夫婦それぞれに基礎年金の受給権を与えることとした。さらに、2004年には離婚時に夫の老齢厚生年金受給権を分割することが認められた。

　これまで日本の社会保障の分野では、被用者については、賃金を得ている以上、通常は保険料負担能力があるものとして個人を単位として適用している一方、被用者が保険料負担を行うことにより、その被用者の配偶者等に保障が及ぶ仕組みとなっていること（年金制度における第3号被保険者制度、遺族年金、健康保険制度の家族療養費等）、自営業者等については保険料負担能力の判定に当たって当該個人の保険料負担能力のみならず世帯を単位として保険料負担能力が捉えられていること（国民年金の保険料免除基準、国民健康保険の保険料算定等）など、「世帯」単位の考え方も組み込まれて制度が設計されてきた。

　ただし、このような「世帯」単位の制度では、給付と負担の関係について、片働きか共働きかにかかわらず、夫婦世帯で標準報酬の合計が同じであれば、保険料負担は同額で、老齢年金給付も同額となるようになり、片働き世帯、共働き世帯および単身世帯を比較した場合、給付と負担の関係が公平となっていないとの意見が出されることになった。

つまり、男女が、社会の対等な構成員として、共に責任を担うべきとの考え方に基づくと、社会の多くの構成員が自ら保険料を納付し、給付を得る存在となることが想定される。一方で、多くの場合、「世帯」単位に生計が営まれているため、多様な生活形態を想定する必要がある。このようなさまざまな生活形態に応じて、「個人」単位と「世帯」単位という点から給付と負担の徴収バランスを図っていくことが求められる。

　また、日本の社会保険制度では、この他、後期高齢者医療制度の保険料負担（75歳以上）は、「個人」単位であるが、保険料の軽減策単位は「世帯」単位となっている。また、非正規雇用者の厚生年金適用に関しても、「個人」単位での保険料負担が検討されているが、いまだ結論には至っていない。

　こうした問題に対して、結城［2013］は「かつて『家族』が社会保障の機能を担っていた時代では、『世帯単位』といったシステムが一定程度機能していたが、超高齢社会に突入した日本社会においては『家族形態』も変わり『個人単位』で社会保障制度を構築している側面が見られる。特に、比較的新しい介護保険制度や後期高齢者医療制度は、個人単位で保険料を徴収している。しかし、他の制度は従来通り『世帯単位』でシステムが稼働しているため、これらの整合性を見直していかなければならない。現行では『世帯分離』を申請したほうが個人にとってはメリットとなるケースが生じてしまい（負担軽減）、現行の制度自体が公正なシステムとはなっていない。このように『世帯単位』と『個人単位』の考え方が混在したままの社会保障制度は、不公正なシステムを維持するだけである」と指摘している。

第3節　「世帯」単位を構成する前提となる「扶養」の概念

（1）日本における扶養概念

　なぜ日本の社会保障の分野では、「世帯」単位により給付行政サービスが行われているのだろうか。そのことを理解するためには、「世帯」単位を構成する前提となる「扶養」の概念について確認する必要がある。

　扶養とは、一般的に「老幼、心身の障害、疾病、貧困、失業などの理由により自己の労働が困難でかつ資産が十分でないために独立して生計を営めない者

（要扶助者）の生活を他者が援助すること」と定義される（於保・中川編
[1994]）。つまり、自己の資力により生活を維持することができない者（要扶
養者）に対して、必要な経済的援助を行うことである。この経済的援助には、
いくつかの種類が存在しており、狭義の意味において民法では一定の親族関係
にある者同士の間の扶養を義務付けている（**図表2－2**）。

　なお、扶養関係において、「扶養を受ける権利のある者（民法第878条）」を
扶養権利者、「扶養をする義務のある者（民法第878条）」を扶養義務者、実際
に何らかの援助を受けて扶養されている者を「被扶養者（健康保険法第1条、
介護保険法第7条第8項第6号）」と呼んでいる。このように、扶養とは民法
の家族法の規定に基づく考え方であり、扶養に関連する法領域を扶養法と呼ば
れている。

　旧来、日本では長く家族制度において家父長制が採用され、家長は家の経済
的基礎となる家産を排他的に管理するとともに親族は家業の労働に就き、それ
と同時に親族の生活保障は家長の責任とされていた。しかしながら、近代資本

図表2－2　扶養の経済的援助の種別

①私的扶養 （親族からの援助）	・　民法では一定の親族関係にある者同士の間の扶養を義務付け ⇒狭義の意味での扶養の定義
②公的扶助 （国家扶助）	・　生活保護など ⇒生活保護の原理の1つ「補足性の原理」により、自己の資産や能力の 　活用（資産能力活用の原則）、民法に扶養義務者による私的扶養（私 　的扶養優先の原則）、および他の法律に定める扶助（他方優先の原則） 　が優先して行われるべきものとされる（生活保護法第4条）
③社会扶助 （社会保障）	・　児童扶養手当や無拠出の福祉年金など ⇒扶助ごとに定められた扶養義務者の所得制限や困難な要件を定めてい 　るもの以外は、私的扶養の優先の原則は採用されていない
④社会保険 （拠出制）	・　国民年金や介護保険、国民健康保険など ⇒社会保険ごとに被保険者の家族構成と扶養関係による扶養控除がされ 　ている
⑤公衆衛生 （公費医療）	・感染症防止、予防接種など

出典：菅野［2009］より著者作成

主義社会の進展において、労働力再生産の観点から企業が使用人と家族の生活の維持について一定の役割を果たすようになり、家族扶養手当制度、健康保険制度、労働災害保険制度、社会保険制度などの扶養制度（社会的扶養）が設けられるようになった。

　基本的には、扶養には私的扶養（民法による扶養）と公的扶養（社会的・国家的な扶養）の2種類があり、私的扶養が困難な場合のみ公的扶養が開始されるというのが「扶養法の原則」である（親族扶養優先の原則、私的扶養優先の原則、公的扶助の補充性）。このため、例えば児童福祉法（第56条）、老人福祉法（第28条）、身体障害者福祉法（第38条）などでは、こうした考え方に基づき、行政が費用支弁した場合の扶養義務者の負担について定められている。

　また、私的扶養関係では、民法（第730条）で「直系血族および同居の親族は、互いに扶け合わなければならない」との原則が規定され、他の条文において、さまざまな親族扶養の関係が規定されていている（**図表2-3、図表2-4**）。

　この扶養概念に対しては、数多くの判例がある。例えば、扶養審判に対する即時抗告事件（東京高判、2005年3月2日、「家庭裁判月報」57巻11号55P）では、「満83歳の女性である被扶養者の長男である抗告人が、被扶養者の扶養

図表2-3　日本の私的扶養義務関係

・　生活保持義務（夫婦間、親と未成熟子間）	
⇒夫婦の協力・扶助（民法第752条）、婚姻費用の分担（民法第760条）の規定などによる相互に同一水準の生活を維持する義務	
・　生活扶助義務（成人親子間、祖父母間、兄弟姉妹間） ⇒親族間の扶養（民法第877条）の規定などによる共同生活の必然性の小さい親族間において、偶発的ないし例外的に生ずる義務で、その程度は最低限度の生活もできない相手方に、自己の分相当の生活を犠牲にすることなしにできる程度のもの	・　普通扶養義務（直系血族間、兄弟姉妹間） ⇒一定の親族関係にある者に当然負わせられる（民法第877条第1項）
	・　特別扶養義務（3親等内の親族間） ⇒特別の事情があるため家庭裁判所の審判によって、扶養が相当と判断され設定される（民法第877条第2項）

出典：菅野［2009］より著者作成

第 2 章 「世帯」の概念と課題

図表2−4　日本の私的扶養義務の種類と要件

種類 ＼ 要件	扶養権利者（要扶養者）		扶養義務者	特別の事情を認める審判
	扶養の必要性①	扶養の請求③	扶養の能力②	
生活保持義務	○			
生活扶助義務　普通扶養義務	○	○	○	
特別扶養義務	○	○	○	○

出典：菅野 [2009] より著者作成
注：①　扶養の必要性：自己の資力または労働により最低限度の生活を維持することができないほどの困窮状況のこと
　　②　扶養の能力：自己の生活を維持したうえでなお要扶養者を扶養することができる資力を有すること
　　③　扶養の請求：要扶養者が扶養義務者に対して扶養の請求を行うこと
　　④　特別の事情：要扶養者を扶養すべき家産的財産を扶養義務者が継承したとか、要扶養者が以前に扶養義務者を永年扶養してきたことなど

に要する費用のうち収入額を超える部分の負担者につき、抗告人から二男である相手方に変更するよう求めた事案の即時抗告審で、被扶養者、抗告人および相手方らの経済状況等を考慮して、グループホームに入所させる方法により被扶養者を扶養し、抗告人がその入所中に要する費用のうち被扶養者の収入額を超える部分を負担させるものと定めるのが相当であるとして、同旨の原審判を正当」として、抗告を棄却している。また、扶養申立事件（広島家判、1990年9月1日、「家庭裁判月報」43巻2号162P）においても、「老父母からの成熟子に対する扶養申立事件において、老父母の生活費が標準生活費を上回っていても、老父母の子に対する過去の養育の事実等を考慮すると扶養義務が認められる。」として、扶養料の支払いを命じる等、多くの判例では生活扶助義務が認められている。

　また、婚姻費用分担申立事件（大津家判、1971年8月4日、「家庭裁判月報」24巻11号47P）では、「親に対する扶養義務（扶助義務）と夫婦、未成熟子間の生活保持義務とは、本来区別されるが、扶養権利者と生活保持権利者とが同居し、事実上世帯を形成し相互に助け合つて共同生活を営んでいる関係上その費用が婚姻費用に含まれると解するときは、その両権利者の扶養の程度方法については扶養額算出において区別することなく同等に扱うのが相当である。」との判例が出ており、世帯を形成し相互に助け合って共同生活していることに

57

着目し、相手方の親族と同居して、その面倒を見ている場合には、その費用も婚姻費用として含まれるとしている。

このように「扶養」の概念は、「世帯」単位を構成する前提として「世帯」の概念の背景となっているのである。

（2）戦後における扶養概念を規定した民法改正の審議過程

では、現在の民法に規定される「扶養」の概念が、戦後における民法改正要綱の審議過程において、どのように規定されるようになったかを考察する[12]。なお、戦後における民法改正要綱の審議については、我妻編 [1956] が掲載する『臨時法制調査会』の総会議事速記録等を参考に検討する。

かつて戦前の大家族を前提とする家族制度の下では、家長である戸主が家族員の扶養を負担し、高齢の戸主は家を継承する長男が扶養した。その後、親の養育という「恩」に対する子の「孝」という互酬的扶養がなされていた。

そのため、戦後、第二次世界大戦の1946年に作成された政府の憲法改正草案では、「婚姻は、両性の合意に基づいてのみ成立し、夫婦が同等の権利を有することを基本として、相互の協力により、維持されなければならない。配偶者の選択、財産権、相続、住居の選定、離婚並びに婚姻および家族に関するその他の事項に関しては、法律は、個人の権威と両性の本質的平等に立脚して、制定されなければならない」という革命的な変化を求めた。この家族条項に適合する民法改正は、同年設置された臨時法制調査会によって開始された。我妻編 [1956] によると、審議の中で最も強く主張された委員の意見は、家族制度すなわち「家」・戸主権・家督相続を廃止してはならない、というものであった。しかし、改革派の我妻栄や中川善之助、奥野健一ら改正要綱の起草者たちにとって、民法上の「家」を廃止することは「譲れない一線」とされた。

従って、明治民法に規定された家族制度をどのように改正するかは、民法の最も重要な論点であった。これについて民法改正要綱では、「民法の戸主および家族に関する規定を削除し親族共同生活を現実に即して規律すること」と表現された。戸主・家族に関する規定の削除の理由について、調査会総会では、民法の戸主や家族に関する規定は実情から遊離しており、かえって健全な親族共同生活に障碍となるためであり、これを削除しても家族制度を否定すること

にはならないとされた（我妻編［1956］）。

　これに対して、「親族共同生活を現実に即して規律する」とはどのような意味か、その理念が法文によってどのように具現されるのか明らかにすべきだという意見が、臨時法制調査会の委員たちから出された。要綱の起草者の一人であった有馬忠三郎は、これからの家族制度は「封建制度を除いて民主的な家族生活」を実現することであり、明治民法の戸主・家族規定を削除すること自体がその実現であると反論が起こった（我妻編［1956］）。

　同じく起草者であった我妻は、家族制度に関する議論の混乱は、「理念としての家族制度」と「明治民法に現れている家族制度」を厳密に区別しないことから生じているとし、明治民法における家族制度は、①「家」という法律的枠を決めること、②戸主という「権力者」を中心におくこと、③全財産と祖先祭祀を継承する単独家督相続、の三要素によって構成されているが、これは現実の家族生活や社会状態と大きく遊離している、と述べている（我妻編［1956］）。というのも「家」という枠組みは、戸籍上の存在に過ぎず、戸主権の濫用が多発し、家督相続制度は都会生活者にとって甚だしく公平に反するからである。このような認識は、すでに1925年の臨時法制審議会答申の中で明確に示されている。つまり、明治民法に現れた「戸主および家、家督相続という制度を廃止する」ことにより、「民主主義的な原理に立脚した家族制度は却て美しく発展する」ということである。従って、改正要綱の起草者たちは、明治民法の「家」に関する規定をすべて削除することのみを目指し、それに代わる新たな家族制度を明示することを断固として拒否したのである。これは、新たな家族制度とは何かをめぐる、収拾のつかない論争を避けるための戦略であったと考えられる（我妻編［1956］）。

　このような起草者たちの戦略に対抗し、保守派の牧野英一は、改正民法が「親族共同生活」をどのように規律すべきかを十分に示していないことに対して強く異議を唱えた（牧野［1954］）。特に、牧野の批判は、要綱に「夫婦は同居し互に協力扶助すること」という項目が盛り込まれたにもかかわらず、親と成熟した子との間の協力扶助については規定がないことに向けられた。つまり、「これでは親が『食うに困ったときに子供が助ければよいので、そうでないときには子供は親の世話をしないでよい』と解釈されかねない」と批判した

59

のである（我妻編［1956］）。牧野は、親と成熟した子との関係が夫婦関係に比べて軽視され、そこに扶養関係しか規定されていないことに強い危機感を抱いたのである。これに対して改革派の中川は、「夫婦および親と未成熟の子との間には強い協力扶助関係を規定すべきだが、それ以外の親族間の協力扶助については法律で一律に規定できない」と反論したのである（我妻編［1956］）。

　この親と成熟した子との協力扶助関係について、他の委員も巻き込んだ激しい議論の結果、牧野の主張に賛同する委員たちが現れ、原案に、「直系血族および同居の親族は互に協力扶助すべきものとすること」という「希望条件」を付することで決着を見ることとなった。この当時の論戦を振り返り、我妻は、「民法の改正では、こうまで先生からいじめられるとは思わなかった。（中略）もっと先生に助けてもらえるかと思っていたのが、あてがはずれたという感じでした。」と述べている（我妻編［1956］）。

　こうして、牧野が提案した希望条件は、新設された「直系血族および同居の親族は、互いに助け合わなければならない。」との民法第730条の条文に結実することとなった。この条文には、成人した子が親に対して孝養を尽くすこと、すなわち経済的扶養のみでなく身体的世話や情緒的支えなども含めた役割への期待が込められていた。しかし、改革派の改正民法の起草者たちにとっては、この条文に対して強い不満を抱き続けた。中川は後に、第730条の互助義務とは「道義上」あるいは「道徳的」なものにすぎず、「不合理で不必要な規定」と述べている（中川［1969］）。また我妻も、この条文に対して「倫理を掲げたもの」で「その法律的意義は極めて少ない」と指摘している（我妻編［1956］）。

　つまり、民法改正要綱の審議過程において、「家」の廃止を推進する者たちにとって、「家」の中核的規範である「孝」は、一生涯にわたって親子を支配服従関係におくものであった。したがって、親の支配から子を解放するため、未成熟な子と成熟した子とでは、親との関係において法的に大きな差異が存在することを強調したのである。つまり、新しい家族では夫婦と未成熟の子が中心であり、そこでの親子関係は、親と未成熟な子との間の「一方的保護育成の関係」であるから、成熟した子と親との関係は重要視されないこととなる。

　このことに危機感を覚えたのが牧野であった。牧野は、1946年の帝国議会貴

族院において、憲法改正案第24条に、婚姻における両性の本質的平等や夫婦間で相互協力すべきことが規定されたのに対し、親子や家族生活全般に対する規定がないことを批判し、「家族生活はこれを尊重する。」を第24条第1項として加える修正案を提出している（我妻編［1956］）。その採決の結果、賛成が3分の2に達せずに否決されたが、賛成が過半数を占めた。このことは、新憲法とそれにもとづく法律が家族を夫婦中心の制度に改革することを目指していると認識し、この動きに対して危機感を抱いた議員が多かったことを示している。後に牧野は、日本国憲法において親が無視されることになったと嘆き、「親はどこまでも敬愛奉養されるべきもの」だと指摘している（牧野［1954］）。牧野が「家族生活の尊重」や「直系血族の協力扶助」を主張するとき、最も重視していたのは、親と成熟した子との関係であり、「孝」規範であったのである。

　このように、戦後の民法改正の過程における新たな家族制度のあり方をめぐる論争は、世代的連続性を追求する「家」を否定し夫婦中心の家族を形成しようとする勢力と、戸主権等「封建的な」要素を排除しつつも世代的連続性や「孝」を重視した家族を維持しようとする勢力との激しい闘いが繰り広げられたのである。

　このことに対して、平田［2005］は、「民法730条が、どこか中途半端な定めとなっているのには、道徳的な規定を必要とする牧野英一博士の家族主義的主張と不要とする我妻栄・中川善之助・奥野健一らの個人主義的主張との間で激しい議論のやり取りがあり、その政治的妥協の産物として生まれたという背景がある」と指摘している。また、雑賀［1978］は、「理念としての家族制度と法律上の『家』制度の区別、民法への730条の導入等をふまえ、『家』に代わる『世帯』により、戦前と同様に理念としての家族制度を存続させている。つまり、戦前にみられる家父長制家族原理は、戦後においては夫婦家族に求められていくことになった」と指摘し、家族制度が「世帯」となって相互扶養が生み出されていると主張している。

　一方、平田［2005］は「国家に対する中間集団としての家族の積極的な役割を否定すべきではない。そして公的扶養と私的扶養につき、それぞれが家族構成員に対する支援に対する在り方について独自の役割を有しているのであり、居住同一・生計同一の家族を表す『世帯』という事実概念を消滅させるべきで

はない」と指摘し、「世帯」の自立性・存在意義を承認しているものと捉えるべきと主張している。

このことは、家族法の研究者の思想の根底として、家族の自立性・存在意義を果たすため、公的扶養に対して、「私的扶養が困難な場合のみ公的扶養が開始される」という「補完性の原理[13]」に基づいており、できる限り、行政の介入を避けることで、家族といった単位を守りたいとの思考が働いたものと考えられる。

他方、そのことにより、岡田［2002］は、「行政は、『世帯単位』原則の名のもとに、『家』イデオロギーを温存させ、国家責任を回避させ、社会保障財政引締めによる保護費節減に寄与するという反動的役割を果してきた」と指摘している。

（3）扶養概念の諸外国比較

次に、諸外国における扶養概念の捉え方を整理する。諸外国における扶養義務者の範囲の整理を**図表2－5**に示すが、その整理によると、特に欧米諸国において夫婦間や親の未成年子の扶養のみを原則としている。また、それに付加す

図表2－5　諸外国における扶養義務者の範囲

国名	夫婦間、親の未成年子の扶養	成年親子間の扶養	直系血族間の扶養	兄弟姉妹間の扶養	姻族間の扶養
アメリカ	○	○①			
イギリス	○				
スウェーデン	○	○			
ドイツ	○	○	○		
フランス	○	○	○		○②
韓国	○	○	○③	○	
日本	○	○	○④	○	○

出典：菅野［2009］等より著者作成
注：① 一部の州のみ
　　② 好意的関係を要件とする
　　③ 1親等の直系姻族に限る
　　④ 3親等内の親族に限る

62

第2章 「世帯」の概念と課題

る形で、例えばドイツでは直系血族間においてのみ親族間の扶養義務を認める（ドイツ民法第160条第1項）、イタリアでは1親等の直系姻族までに限って親族間の扶養義務を認める（イタリア民法第434条）など、かなり限定的な範囲での扶養関係と言える。一方、現在、日本の民法規定は、「親族間の相互扶助・協力関係（民法第730条）」を規定し、別世帯の親子・兄弟、その他の3親等内の親族にも扶養義務を課しているが、諸外国（韓国を含む）では、親子であっても同一世帯（＝保持義務）に限り、3親等は含まない。

　また、各国の公的扶助である生活保護における扶養概念を整理すると、次の通りである（**図表2−6**）。

　例えば、イギリスの場合、高齢者が、生計援助（生活保護）の申請を行う場合、子ども夫婦と同居している場合であっても、高齢者自身の生活費と家賃（高齢者1人の分）が援助の要否判定の基礎となり、子どもに親の扶養（金銭面・介護面とも）をする義務を課すことはない。このことは、「個人」単位の

図表2−6　各国の生活保護における扶養概念

国名	制度名	扶養義務の範囲
アメリカ	補足的保障所得（SSI）	・　夫婦間、および未成年の子ども（18歳未満）の子に対する親（ただし、カリフォルニア州等では、成人した子に対する親の扶養義務を課している）
イギリス	所得補助（IS）	・　配偶者間、および未成年の子（16歳未満）に対する親
スウェーデン	社会扶助	・　配偶者間、および未成年の子（18歳未満）に対する親
ドイツ	社会扶助	・　配偶者間、親子間およびその他家計を同一にする居住者
フランス	参入最低所得（RMI）	・　配偶者間、および未成年の子に対する親
韓国	国民基礎生活保障	・　受給権者の1親等の直系血族およびその配偶者（受給者の所得の130%以上ある場合に限定）
日本	生活保護	・　配偶者間、親子間、兄弟姉妹間、および3親等内の親族

出典：厚生労働省社会・援護局保護課［2011/6/28］等より著者作成

給付行政サービスを基本とする諸外国と、「世帯」単位の日本との違いとして捉えられるだろう。

このように、諸外国では、社会保障に関する給付行政サービスにおいても「個人」単位であることが多く、住民の個人データの利用と保護に対して、「個人」単位であっても、あまり問題は生じることはない。

このため、こうした日本の地方自治体の行政サービスで住民の個人データを利用する「世帯」単位を前提に、日本独自の住民の個人データの利用と保護のあり方を検討することが求められる。

第4節　揺らぐ「世帯」概念の課題 ―「世帯分離」―

救貧、援助的色彩が濃い総合行政サービスほど「世帯」を単位としている。個人と世帯の扱いが一定していない理由について、小林・西川［2009］は「社会保険（普遍主義）の中に援助施策（選別主義）を無理やり融け込ませているからであり、こうしたことが仕組みを一段と複雑にし、混乱を招く一因になっている」と指摘している。

このように、日本の社会保障の分野における給付行政サービスにおいて「世帯」を基本とする仕組みは、戦前の「家父長的家制度」の下で、当然のこととして受け入れられてきた。しかしながら、高度経済成長の過程で世帯が分解・縮小し、すでに家庭の機能が大きく変容してきている現実もふまえる必要性に迫られている。例えば、1995年7月の社会保障制度審議会による95年勧告（隈谷三喜男会長）の「社会保障体制の再構築（勧告）〜安心して暮らせる21世紀の社会を目指して〜」では、個人と世帯について「現在の社会保障制度には、妻を夫の被扶養者と位置づけるような、従来の女性の役割を反映した仕組みが残されているが、このような仕組みについても真に男女平等の視点に立って見直していかねばならない。その意味で、社会保障制度を『世帯単位』中心から、できるものについては個人単位に切り替えることが望ましい」という提言が行われている。また、「世帯」単位では世帯主の所得の種類によって、仮に同居者が低所得の場合であっても軽減対象から外れることが頻繁に起きること、つまり、「世帯」単位では単身者や所得が低位に把握される自営層に有利

64

に働くので、そういったことから核家族化を助長させるとの批判もある。つまり、「世帯」単位の問題点は、世帯構成、職種、収入形態により、個人単位と比べて軽減判定に大きな偏り（格差）が生まれることになる。

しかしながら、日本の現実社会として「社会実態として生計の単位が『世帯単位』であることを考慮すれば、『世帯単位』が適当である」との考え方が未だ根強く残っており、容易に「個人単位」に移行することはなさそうである。その結果、理想論として「社会実態として生計の単位が『世帯単位』」との考え方を維持しながら、世帯は家族の問題として、世帯内の生計維持関係が維持できない場合は同一居住、別生計の例外として「世帯分離」が認められるようになっている。

「世帯分離」とは、世帯員が2人以上の場合で、住所変更を伴わずに世帯を分けることである。このことは、住民基本台帳法上、「世帯」とは、「居住と生計をともにする社会生活上の単位」とされており、同一の家屋に住んでいても、事実生計を別にしていれば分離することも可能であるとされているからである。つまり、住民基本台帳法上の「世帯」とは、「居住と生計をともにする社会生活上の単位」とされているものの、同一の家屋に住んでいても（同一居住であっても）、生計を別にしていれば、住民基本台帳法の規定に基づき、「世帯変更届」を地方自治体に提出すれば、世帯分離することも可能であるとされているのである（住民基本台帳法第25条）。

ただし、住民側が「生計が異なる」として「世帯分離」を申請した場合、地方自治体によって事実確認の有無・方法、受理の取り扱いに差が生じている。例えば、鳥取県内で鳥取市の場合は特段の確認は行わないが夫婦間の分離は原則不受理、岩美町の場合は口頭で確認を行い生計が別であると確認された場合のみ受理、八頭町の場合は特段の確認を行わず、親子・夫婦の区別なく受理されるという[14]。

また、鳥取県大山町では「世帯変更届出時変更確認要綱」（2006年12月27日告示第60号）を制定し、「世帯変更届出時申立書」を提出させて、次に掲げる事項を審査しなければならない、としている（世帯変更届出時変更確認要綱第3条）。

（1）　住所の異動を伴うものでないこと。

（2） 生計が全く別であること。
（3） 法の目的に沿うものであり、この届出をすることにより不当な利益を得るものではないこと。

　さらに、山梨県南部町においても「世帯変更届出時変更確認要綱」（2005年12月19日告示第69号）を制定し、より厳密な審査を行うようにしている。ただし、この「世帯分離」に対して、地方自治体側で、「世帯分離」が申請者の保険料の負担軽減を目的にしているかを判断するのは難しいのが実態である。
　この「世帯分離」の問題は、介護保険制度や医療保険制度など、現行の社会保障制度では、所得による負担と給付の考え方に基づき、低所得者の負担能力に配慮した制度になっていることに起因している。つまり、低所得者の利用者負担限度額や保険料を引き下げるため、「世帯分離」により負担を引き下げるインセンティブが働き、現に、そのような「世帯分離」のケースが増加しているのである（**図表2－7**）。
　このため、例えば北海道北見市では、近年、他の届出に比べて「世帯分離」の届出件数は増加の一途であり、人口減少が進んでいるにも拘わらず、世帯数は

図表2－7　世帯分離により高齢者の利用者負担差が生じる事例

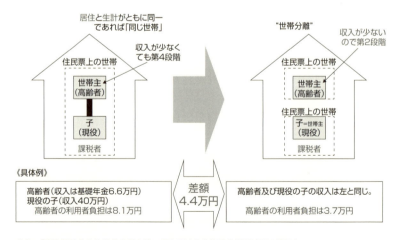

出典：「鳥取県地方自治体代表者会議・鳥取県地方分権改革推進連盟の提言」

第2章 「世帯」の概念と課題

図表2-8 北見市の届出件数（本庁分のみ）

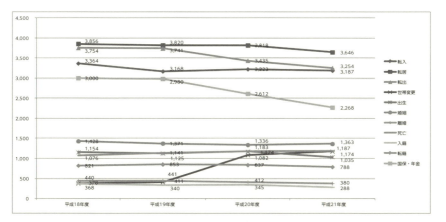

出典：北見市［2014］

増加しているという不思議な現象を生んでいる（**図表2-8**）。特に、介護保険制度が開始されてから、全国的に「世帯分離」が進んで単独世帯が急増している。

　日本の社会保障の分野における給付行政サービスにおいて、住民側がある時は個人、またある時は世帯という使い分けとも言える「世帯分離」に対して、「ご都合主義」と批判されている。このことに対して、「鳥取県地方自治体代表者会議・鳥取県地方分権改革推進連盟の提言」では、「介護保険施設や医療機関の利用者負担や保険料負担が下がると、高額介護サービス費や高額療養費等が支給され、給付費増となること等により、他の者が負担する保険料および税負担が増える要因となっていること。また、地域社会の充実が求められている中、『世帯分離』は、核家族化を進めているとの批判もある」との問題を指摘している。

　ただし、「世帯分離」を選択するのは、住民の自由意志に委ねるべきであるし、経済合理性からいえば、「世帯分離」を選択する住民が増えるのは必然と言える。少なくとも、日本の社会保障の分野における給付行政サービス自身の制度矛盾として捉えるべきであろう。

注

9　住民票は、原則として個人を単位とする住民票を世帯ごとに編成される。また、住民票
　　での「世帯」とは、「居住および生計を共にする者の集まり、または単独で生計を維持す
　　る者（1967（昭和42）.10.4　民事甲第2671号）」であり、つまり、「①一緒に住んでいるこ
　　と」、「②生計が一緒であること」が要件となるが、「生計」が別であれば居住が一緒で
　　あっても「別世帯」となる。このため、同居していても届け出れば、世帯を分離すること
　　が可能である（住民基本台帳法25条　「世帯変更届」）。

10　国保税（国保料）は、収入や人数等に応じて世帯ごとに計算し、世帯主がその世帯の保
　　険税をまとめて納めることになる。したがって、世帯主が職場の健康保険に加入している
　　場合でも、世帯に一人でも国民健康保険の加入者がいれば納付の義務者は住民票上の世帯
　　主となる。このため、住民票上の世帯主であっても国保の加入者でない場合、納付義務が
　　ある世帯主を「擬制世帯主（国保の加入者でない世帯主）」から「新世帯主（国保加入者
　　本人）」に変更することが届け出れば可能となる。つまり、職場の健康保険等に加入してい
　　る住民は、住民票の上で同一世帯であっても、国保上では別世帯となる。

11　この問題については、日下部［2006］、吉中［2006］等を参照のこと。なお、この改正さ
　　れた年金制度に対しては、「世帯」単位か「個人」単位かで見解が分かれている。「世帯」
　　単位との見解としては、1995年7月4日の社会保障制度審議会「社会保障体制の再構築
　　（勧告）－安心して暮らせる21世紀の社会を目指して－」（全国社会福祉協議会［1996年］
　　『社会福祉関係施策資料集14』）などが挙げられる。一方、「個人」単位との見解としては、
　　木村陽子「公的年金と所得の再分配－『年金制度改革案』をめぐって－」『福祉政策の基
　　本問題』［1985］東京大学出版などが挙げられる。

12　この経緯については、山本［2013］、浜田［2004］などを参考にした。

13　「補完性の原理」とは、人間の尊厳を個人の主体性に求めた上で、「決定はできるだけ身
　　近な所で行われるべきだ」とする考え方であり、個人ができないことを家族が助け、家族
　　でもできないことを地域のコミュニティが助けるとし、それでもできないときは初めて行
　　政が乗り出すべきとの原則である。

14　「世帯分離」において、地方自治体によって事実確認の有無・方法、受理の取り扱いに差
　　があることの指摘については、「鳥取県地方自治体代表者会議・鳥取県地方分権改革推進
　　連盟の提言」を参照のこと。

第 3 章

各制度における「世帯」概念の沿革と範囲

第 1 節　住民基本台帳制度における「世帯」の捉え方
第 2 節　地方税制度における「世帯」の捉え方
第 3 節　医療保険制度における「世帯」の捉え方
第 4 節　生活保護制度における「世帯」の捉え方
第 5 節　手当制度における「世帯」の捉え方
第 6 節　各制度の「世帯」の捉え方と範囲の小括

第3章　各制度における「世帯」概念の沿革と範囲

　第2章では「世帯」概念の成立と展開について述べてきたが、本章では、日本の各制度における「世帯」の捉え方と範囲について整理する。

第1節　住民基本台帳制度における「世帯」の捉え方

（1）制度の沿革

　住民基本台帳は、市町村がその住民について、住民として地域に関する正確な記録を常に整備しておくための制度である[15]。そのため、氏名、生年月日、性別、住所などが記載された住民票を編成したもので、住民の方々に関する事務処理の基礎であり、住民基本台帳の閲覧や住民票の写しの交付などにより、住民の方々の居住関係を公証するものとされている。

　住民を把握する全国統一の近代的な制度としては、1871年4月4日に公布された戸籍法がある。この戸籍法における戸籍とは、個々の住所地において「戸」、つまり世帯を単位として編製され、区内の戸数、人員、および人の出生、出入等を明らかにするものであった。その目的は、人の居住の実態把握であったが、その戸籍に人の生死、婚姻、離婚、縁組、離縁等による人の出入を明らかにすることにより、同時に身分登録という性格も兼ね備えたものであった。

　当初、住民登録としての実質を持っていた戸籍制度を、後に純然たる身分登録制度に変貌させてしまったのは、明治以降における国内の人口移動の激化にあった。そのため、戸籍制度は、住民の居住実態を把握するという役割を断念し、この役割を1886年の内務省令（第19号、第22号）における寄留手続きに譲り、1914年の寄留法（第27号）において、専ら居住の実態把握を役割とする寄留制度として分化させるに至ったのである。

　その寄留制度の導入後も寄留届の不徹底、市町村の寄留事務の取り扱いが必ずしも法令の規定通りに行われていない等、本来の役割を十分に果たし得なかったことから、寄留制度の改革が行われ、1951年3月24日に法務省において住民登録法が立案され、同年6月8日に住民登録法（第218号）が制定された。この住民登録では、登録対象となる住民の範囲において寄留制度とは異なっており、戸籍制度と並行する独立した制度として導入されたことが特徴といえる。

71

この住民登録制度は、1951年の制度導入以来、居住関係の公証をはじめ、住民に関する各種行政手続きの処理を行うための基礎として大きな役割を果たしてきたが、住民票の謄抄本の発行による居住関係の公証という側面に重点が置かれ、各種事務処理との関係が明確ではなかった。

　そのため、住民登録に記載された住民に関する記録は、関係法令ごとに個々にその処理方法が定められ、相互間の連絡の仕組みがなく、住民にとっては、引っ越しなどの際に住民登録、選挙人名簿への登録、国民健康保険、国民年金などの手続きを別の窓口で行う必要があり、また市町村にとっても、住民の正確な把握ができず、行政事務の総合的、統合的な処理ができない状態となった。そこで、内閣総理大臣の諮問機関として住民台帳制度合理化調査会が設置され、1966年3月18日「住民基本台帳制度の合理化に関する答申」が提出された。この答申では、窓口業務の改善を図り、国民に便利な行政を展開するという見地から、新たに住民基本台帳を設けて、住民に関する各種の台帳を統合し、市町村におけるあらゆる住民に関する行政の基礎とすることとし、また、住民の住所変更などに伴う各種の届出も統合して一つの届出で済ませるようにするべきであるとした。

　この答申の趣旨にのっとり、1967年7月25日に住民基本台帳法が制定され、同年11月10日から施行され、現在の住民基本台帳制度が整備された。これにより、住民に関する記録を正確かつ統一的に取り扱い、住所・世帯変更等に関する届出が一元化されたのである。なお、1980年代に入り、住民のプライバシー意識の高揚や情報化社会の進展等の社会情勢の変化に対応して、住民基本台帳制度における住民に関する記録の適正な管理を図るため、市町村長等の責務を明確化するほか、磁気ディスク等をもって住民票を調整できるものとし、住民基本台帳の閲覧および住民票の写しの交付については、その請求理由を明らかにするものとし、請求が不当な目的による場合にはこれを拒むことができるものとする等の改正が行われている。

　住民基本台帳制度は、「住民の居住関係の公証、選挙人名簿の登録その他の住民に関する事務の処理の基礎とするとともに住民の住所に関する届出等の簡素化を図り、あわせて住民に関する記録の適正な管理を図る」（住民基本台帳法第1条）との規定にある通り、住民の利便を増進するとともに、国、地方公

共団体の行政の合理化に資することを目的としている。このため、住民基本台帳は、住民に関する記録を正確かつ統一的に行う台帳として、「市町村長が、住民全体の住民票（個人を単位として作成）を世帯ごとに編成し作成する公簿である」（住民基本台帳法第6条第1項）との規定に基づき、市町村および特別区において、氏名、生年月日、性別、住所などが記載された住民票を世帯ごとに、編成し作成され、第7条の規定に基づき、以下に掲げる事務処理のために利用されている。

①日本の住民の居住関係を公証（住民基本台帳の閲覧や住民票の写しの交付など）
②国民健康保険、後期高齢者医療、介護保険、国民年金の被保険者の資格の確認
③選挙人名簿への登録
④印鑑登録に関する事務
⑤児童手当の受給資格の確認
⑥生活保護および予防接種に関する事務
⑦学齢簿の作成

（2）「世帯」の捉え方と範囲

　住民基本台帳制度における「世帯」とは、「一般的に世帯とは、居住および生計を共にする者の集まり、または単独で居住し、生計を維持する者をいう」（1967年10月4日　民事甲第2671号通達）とされている。また総務省「住民基本台帳事務処理要領」によると、「世帯とは、居住と生計をともにする社会生活上の単位である」と示されている。

　居住を共にするとは、一般的には数人の者が一定の住居を居住の場所としている場合をいうが、必ずも1棟の建屋が1世帯の居住であることを要しないと考えられる。例えば、アパートや一軒家の一部を間借りして各部屋で独立した生計が営まれるような場合、住宅の各部屋がそれぞれ独立した場所であるし、また反対に2棟以上の建屋が同一敷地内にあり1家族が使用している場合には、その2棟以上の建物を1つの居住の場所としてみるべきと考えられるからである。

生計を共にするとは、夫婦親子の家族関係が定型的な事例であるが、必ずし
も近親者だけで形成されるものではなく、住み込みの使用人や同居者なども同
一世帯の構成員とみなされる場合もある。これに対して、学校や工場などの
寮、下宿等の居住者は、居住を共にする場合であっても、必ずしも生計を共に
するとは認められないため、各人がそれぞれの1世帯を形成しており、単独世
帯として認められると考えられる。つまり、たとえ夫婦、親子等の親族関係に
あっても、別居していれば別世帯となり、逆に、親族関係にない他人であって
も、同居し、かつ、生計も共にしているならば、同一の世帯となるのである。
この場合、「世帯」の構成要件に「親族」であるか否かは関係ないことになる。

　このように、世帯の概念は、実質的観念に基づくものであって、これを認定
するのに形式的な標準はなく個々の場合に生活の実質的な関係に基づき、具体
的に決定するしかないものと考えられる。住民基本台帳法では、「市町村長は、
常に、住民基本台帳を整備し、住民に関する正確な記録が行われるように努め
るとともに、住民に関する記録の管理が適正に行われるように必要な措置を講
ずるよう努めなければならない。」(住民基本台帳法第3条) と規定しており、
世帯に対する住民に関する正確な記録の適正を保つ必要がある。ただし、住民
基本台帳法における住民登録は、届出制度を採用しており、住民自らの届出に
基づき処理している。このため、少なくとも「届出についての厳正な審査を行
うこと」が求められるが、それ以上の権限はないので、結果として住民の届出
によって世帯の範囲が決定される。

　住民基本台帳法では、「その属する世帯またはその世帯主に変更があつた者
(政令で定める者を除く。) は、その変更があつた日から14日以内に、その氏
名、変更があつた事項および変更があつた年月日を市町村長に届け出なければ
ならない。」(住民基本台帳法第25条) との規定に基づき、世帯変更届によって
住民票上の現在の世帯から世帯員の一部を分離し、世帯を分ける手続きを行う
ことができる。この住所、世帯をどうするかは、行政 (国家権力) が介入でき
ないことが明確な人権規定として日本国憲法が保障する居住、移転の自由、職
業選択の自由、外国移住、国籍離脱の自由について規定 (日本国憲法第22条)
および家庭生活における個人の尊重と男女平等についての規定 (日本国憲法第
24条) により保障されているものと考えられる。つまり、たとえ親子等の親族

第3章　各制度における「世帯」概念の沿革と範囲

関係にあり、かつ同居していたとしても、実際に生計が別々であるならば、別世帯として登録することが可能であり、1軒の家に世帯が2つ以上ある状態になる（図表3-1）。

なお、総務省「住民基本台帳事務処理要領」によると、世帯主とは、住民基本台帳で編成された「世帯を構成する者のうちで、その世帯を主宰する者が世帯主である。単身世帯にあっては、当該単身者が世帯主となる。世帯主との続柄は、当該世帯における世帯主と世帯員との身分上の関係をいうのである。したがって必ずしも戸籍に記載または記録がされた父母との続柄と一致するものではない。なお、『その世帯を主宰する者』とは、『主として世帯の生計を維持する者であって、その世帯を代表する者として社会通念上妥当とみとめられる者』と解する。」と規定している。

そのため、単独で住所を有し、独立して生計を営んでいる者は、当該単身者が世帯主である。また、厳密な意味では、世帯を主宰する者とは言えない場合でも、相対的に最もそれに近い地位にある者が世帯主であって、原則として世

図表3-1　住民基本台帳制度における「世帯」の範囲

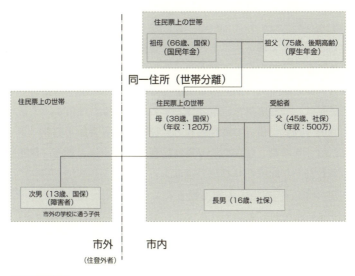

出典：著者作成

帯主のない世帯は認められないことになる。ただし、例外的に世帯主のない世帯が認められるケースとして、養護施設に居住している児童が挙げられる。そのため、養護施設に居住する児童は、同一世帯を構成しているものとして取り扱い、住民票上の世帯主欄の記載は空欄となる。

従って、東京都市町村戸籍住民基本台帳事務協議会（編さん）[2008a]によると、「世帯主の認定に当たっては、客観的にその生活態様を観察し具体的事実に徹して判断すべきであるが、この場合に、経済的要素が最も主要な要素になることはむしろ当然であり（1963年8月22日　民事甲第2449号回答）、併せてその世帯を代表するものとして、社会通念上認められるものか（客観的基準）、またその世帯の構成員がどう考えているか（主観的基準）によって定まるものであって、地方自治体が決定するものではない」としている。

第2節　地方税制度における「世帯」の捉え方

（1）制度の沿革

日本における地方税は、原則として地方税法および地方税法に基づく各地方自治体の条例に基づいて課税される。大別して、道府県の課する道府県税と市町村の課する市町村税に分けられる。使い途が特定されているかどうかによって目的税と普通税に大別され、また税金の負担者の違いによって直接税と間接税に区分される。その中でも、日本の社会保障分野の給付行政サービスで用いられる個人所得を取り上げることとする[16]。

個人住民税は、個人所得を課税客体とする「所得割」のほか、人頭税的性格を帯びた「均等割」によって課税される。種々の要素を勘案した「見立て」により課税する「均等割」は、自治省税務局編[1997]によると、1878年に創設された「戸数割」が起源といわれている。

他方、「所得割」に相当する地方税としては、自治省税務局編[1997]によると、1888年に市町村において、1908年に府県において、それぞれ導入された所得税付加税に、その萌芽を見ることができる。所得税付加税は、国税である所得税に付加して負担を求める方式の税であり、現行の個人住民税所得割とはその性格を異にするところがあったものの、第二次世界大戦前においても、現

在と同様、国、府県、市町村の3段階において個人所得を税源とする課税が行われていたということが注目される。

ただし、このような個人所得に対する重複的な課税のあり方は、1940年の税制改正における所得税付加税の廃止により、いったん解消される。なお、この税制改正の際には、「戸数割」が同時に廃止され、代わって創設されたのが、人頭割的な性格の市町村民税であり、自治省税務局編［1997］によると、これが現在の個人住民税（均等割）の前身であるという。

個人住民税が現在のように「均等割」と「所得割」とで構成されるようになったのは、シャウプ勧告に基づく1950年の税制改革で創設された市町村民税が原点とされるが、この当時の「所得割」は、その課税標準を所得税額、所得税に係る課税総所得金額または課税総所得金額から所得税額を控除した金額のいずれかによることとされ、その後1954年に創設された道府県民税の「所得割」も前年分の所得税総額を基礎とした配賦課税方式によることとされていた。つまり、個人住民税の「所得割」は、所得税の付加税的性格の濃いものとして出発したものと言えるが、その後、1961年の所得税法改正による影響をできる限り防ぎ、地方税として自主的な運営を可能とする観点から、個人住民税独自の所得控除制度が採用（1961年から適用）されるなど、地方税としての独自性を確保する見地からの改正が行われてきた。とはいえ、例えば、納税者に申告などを重複して行うことを求めることで、納税者の過大な事務負担を招き、税務行政が煩雑化することを回避する見地から、所得税と完全に袂を分かつような仕組みを選択し得なかった面があることも否定できないところである。

ところで、日本の国税については、ほとんど申告納税制度が採用されている。所得税についても、1947年に納税者による確定申告に税額確定の効果を認める申告納税制度に移行し、現在に至っている。ただし、所得税収の大部分は、申告によるものではなく源泉徴収によるものであり、特に給与所得に係る源泉徴収については、年末調整という手続きにより年間の税額を一応確定することができるようになっている。

これに対して、個人住民税については、賦課課税制度が採用されている。賦課課税制度とは、課税庁が主体的に各納税者の税額を決定し、納税者に通知す

ることによりその税額が確定する仕組みである。このため、課税庁に税額の計算に必要な情報が供給されるような仕組みが構築されていることが不可欠である。従って、一般に賦課課税制度を採用する税目にあっても、納税者に課税標準申告書の提出を義務付ける例が少なくないところであり、個人住民税についても、納税者に課税標準や所得控除等に関する申告書の提出を義務付ける規定が設けられている。ただし、この規定には、いくつかの例外措置が講じられており、個人住民税の課税庁たる市区町村がその賦課決定に当たり用いる情報の大部分は、所得税の確定申告書など所得税と深い関連を有するものとなっており、この点が所得税と個人住民税という二つの異なる税目の執行面における重要な接点となっている。つまり、税額確定システムとして、所得税は基本的に申告納税制度を採用し、個人住民税は賦課課税制度を採用しているという違いがある。

　所得税については、一般的に、その年の課税標準（所得金額）の合計額が所得控除の合計額を上回った納税者に、第三期（その年の翌年2月16日から3月15日までの間）において税務署長に確定申告書を提出する義務が課される（所得税法第120条）。日本の申告納税制度の下では、納税者による納税申告書の提出により、その納税者の税額が確定することになるが、所得税の確定申告には、このような税額確定という意義に加え、源泉徴収や予定納税によってあらかじめ納税者が負担している税額を最終的に精算するという意義がある。このため、確定申告義務を課されない納税者であっても、源泉徴収税額等の還付を受けるための申告書を提出することができることとされている（所得税法第122条）。

　一方、個人住民税は、一般的に納税者（具体的には、その年の1月1日においてその市区町村内に住所を有する個人）に、前年の課税標準や所得控除などに関する申告書を3月15日までに市区町村長に提出することが義務付けられている（地方税法第317条の2、第45条の2）。また個人住民税の申告書は、その記載事項の大部分が所得税の確定申告書と重複するものではあるものの、所得税の確定申告書のようにその提出によって税額が確定するもの（納税申告書）ではなく、市区町村長による賦課決定のための参考資料とされるもの（情報申告書）にすぎない。

第3章　各制度における「世帯」概念の沿革と範囲

　このように個人住民税の申告書は、個人住民税の賦課決定のための参考資料となるものであるが、給与所得者で給与支払報告書をその市区町村に提出した支払者から受給した給与以外に所得のない者や公的年金等受給者で公的年金等支払報告書を提出した支払者から受給した公的年金等以外に所得のない者については提出義務が免除されており（地方税法第317条の2、第45条の2）、税務署に所得税の確定申告書を提出した者についてはその提出の日に個人住民税の申告書の提出があったものとみなす措置が講じられている（地方税法第317条の3、第45条の3）。従って、個人住民税の賦課決定のための主要な資料は、給与支払報告書、公的年金等支払報告書、個人住民税の申告書および所得税の確定申告書の4種類であるということができる。

　まず、給与支払報告書は、記載内容が給与所得の源泉徴収票と同一であり、書式も、通常、同じものが使用されている。このことは、これらの書面の作成・提出義務を課される所得税の源泉徴収義務者である給与の支払者の負担に配意したものであると言える。給与の支払者は、1年間の給与の支給額や源泉徴収税額など法定事項を記載した給与支払報告書をその年の翌年1月末までに、受給者ごとの住所地の市区町村に提出することとされている（地方税法第317条の6第1項）。これは、給与支払報告書の提出義務が個々の市区町村の条例に基づくものである以上当然のことと考えられる。ところで、年末調整を受けた給与所得に係る源泉徴収票には、所得税額の計算過程を明らかにする情報が記載することとされているが、年末調整の対象とされた給与以外に所得のない者について、その源泉徴収票と同一の記載内容の給与支払報告書に基づいて個人住民税の額を計算することができるように、生命保険料や損害保険料について個人住民税固有の控除額の計算が可能となるよう付加的な情報も併せて記載することとされている（所規別表第六（一））。なお、年末調整を受けた給与所得者が年末調整で適用を受けることのできない雑損控除や医療費控除などの適用を受ける場合には、通常、税務署に確定申告書を提出することになるので、個人住民税の額は、その確定申告書の記載内容に基づいて計算すべきこととなる。つまり、地方税法上は、このような場合、雑損控除等に関する事項を記載した申告書を市区町村長に提出することとされている（地方税法第317条の2第3項、第45条の2第3項）が、納税者（給与所得者）は、通常、所得税

法上の雑損控除等の適用を受けるために所得税の確定申告書を提出することにより、個人住民税の申告書の提出を要しないこととなるものと考えられる。

次に、公的年金等支払報告書は、その提出期限が給与支払報告書と同様、1月末であり（地方税法第317条の6第3項）、公的年金等の源泉徴収票との関係については、給与支払報告書と給与所得の源泉徴収票との関係とほぼ同様のことがいえるところである。ただし、公的年金等については、給与のような年末調整制度がないため、通常、公的年金等支払報告書から得られる情報のみで個人住民税の額を計算することはできない。この点に関しては、公的年金等受給者の中には、年間の受給額が公的年金等控除額の最低額（65歳未満は70万円、65歳以上は140万円）に満たないものが少なくなく、それ以外の公的年金等受給者については、源泉徴収税額の精算等のため所得税の確定申告書を提出するものが多数を占めているといった実態からすれば、特に問題となってはいないものと考えられる。なお、地方税法上、公的年金等受給者で前年中に公的年金等以外に所得のなかったものでも、公的年金等支払報告書に関連する事項の記載されない社会保険料控除等の適用がある場合には、個人住民税の申告義務は免除されないこととされている（地方税法第317条の2、第45条の2）。

また、所得税の確定申告書は、所得税の確定申告義務のある納税者は、第三期（その年の翌年2月16日から3月15日までの間）に確定申告書を税務署に提出することとされているが、確定申告義務のない納税者が還付を受けるために提出する申告書も、大半がこの時期に税務署に提出される。従って、市区町村は、通常、所得税の確定申告に係る情報を毎年3月下旬から4月にかけて入手できるようになっている。なお、所得税の確定申告書の書式は、法定されているわけではなく、一般に用いられているものは、国税庁において所得税関係法令（地方税法を含む。）で確定申告書に記載すべきものとされている事項を網羅して作成しているもので、税制改正等を織り込んで改訂が行われてきた。

このように、市区町村は、個人住民税の賦課決定のための主要な資料を概ね4月までに入手できるようになっており、これらの整理・分析を経て、市区町村長による賦課決定が行われる。具体的には、普通徴収（地方税法第319条の2、第41条）に係るものは、毎年6月はじめに納税者に直接「納税通知書」が送付され、特別徴収（地方税法第321条の3、第41条）に係るものは、毎年5月

中に特別徴収義務者経由で「納税通知書」が送付され、税額が確定することになる。なお、市区町村長は、納税義務者による所得税に係る修正申告書の提出等の事実に基づいて普通徴収に係る税額の変更決定を行うこととなっており（地方税法第321条の２）、特別徴収に係る税額についても、誤りがあることが判明した場合に変更決定を行うこととなっている（地方税法第321条の６）。また、市区町村長による賦課決定（変更決定を含む。）に不服のある場合には、市区町村長に対する「異議申立て」ができることとされている（地方税法第19条）。

　ところで、市町村の個人住民税は、賦課課税制度を採用し、しかも、所得を課税客体とする所得割以外に、人頭税的な性格を持つ均等割を課すものであることから、課税庁（市町村）は、すべての納税義務者、すなわち、その市区町村内に住所を有するすべての個人を管理すべきことになる。具体的には、住民基本台帳の世帯情報をベースに、納税義務者を、①課税・非課税の別（非課税の場合はその態様）、②賦課決定のための基礎資料（個人住民税申告書、所得税確定申告書、給与支払報告書、公的年金等支払報告書またはその他の別）、③普通徴収・特別徴収の別等に応じて管理が行われている。

（２）「世帯」の捉え方と範囲

　地方税を含めた税制度において、「世帯」と関連する概念として捉えることができるのが、扶養控除という概念である。扶養控除とは、所得税および個人住民税において、納税者に16歳以上の扶養親族がいる者にその者の所得金額から一定の所得控除を行うものである。具体的には、所得以外の担税力の減殺要因に配慮する見地から、納税者本人が扶養している親族などがいるときに、所得税法第84条および地方税法第314条の２の規定に基づき、16種類の所得控除として人的控除が設けられている制度のことである。

　人的控除には、障害者控除、老年者控除、寡婦控除、寡夫控除、勤労学生控除、配偶者控除、配偶者特別控除、扶養控除および基礎控除等の総称だが、これらの控除はすべて所定の適用要件を満たす場合に定額の控除額が認められる仕組みとなっている。なお、所得税と個人住民税とでは、これらの控除の適用要件については異なるところはない（個人住民税に係る控除額が所得税のそれよりやや少なくなっているという違いがある）。ただし、青色申告者が所得税

81

で事業専従者を控除対象配偶者または扶養親族とした一定の場合には、個人住民税に係る所得計算においては、専従者給与の必要経費算入が認められることから、配偶者控除や配偶者特別控除、扶養控除の額が所得税と個人住民税とで異なることがある（**図表3－2**）。

また、扶養親族の身分要件は、その年の12月31日現在（納税者が年の中途で

図表3－2　人的控除の概要（個人住民税）

人的控除の種別			創設年	対象者	控除額	本人の所得要件
基礎的な人的控除	基礎控除		1962年度	本人	33万円	－
	配偶者控除	控除対象配偶者	1966年度	生計を一にする配偶者で、かつ、年間所得が38万円以下である者	33万円	－
		老人控除対象配偶者	1981年度	年齢が70歳以上の控除対象配偶者	38万円	－
	配偶者特別控除		1988年度	生計を一にする配偶者で、かつ、控除対象配偶者に該当しない者	最高33万円	年間所得1,000万円以下
	扶養控除		1962年度	生計を一にする親族等で、かつ、年間所得が38万円以下である者		
		一般の扶養親族	1962年度	年齢が16歳以上19歳未満または23歳以上70歳未満の扶養親族	33万円	－
		特定扶養親族	1990年度	年齢が19歳以上23歳未満の扶養親族	45万円	－
		老人扶養親族	1973年度	年齢が70歳以上の扶養親族	38万円	－
		（同居老親等加算）	1980年度	老人扶養親族が本人と同居している場合	＋7万円	－

特別な人的控除	障害者控除		1962年度	本人またはその控除対象配偶者若しくは扶養親族が障害者である場合	26万円	－
		(特別障害者控除)	1968年度	上記の者が特別障害者である場合	30万円	－
		(同居特別障害者控除)	2012年度	特別障害者である控除対象配偶者または扶養親族と同居を常況としている者	53万円	－
	寡婦控除		1962年度	次のいずれかの者 ① 夫と死別した者 ② 夫と死別または夫と離婚した者で、かつ、扶養親族を有する者	26万円	①の場合年間所得500万円以下
		(特別寡婦加算)	1990年度	寡婦で、扶養親族である子を有する者	＋4万円	年間所得500万円以下
	寡夫控除		1982年度	妻と死別または離婚して扶養親族である子を有する者	26万円	年間所得500万円以下
	勤労学生控除		1962年度	本人が学校教育法に規定する学校の学生、生徒等である者	26万円	年間所得65万円以下かつ給与所得等以外が10万円以下

出典：財務省のサイト

死亡しまたは出国する場合は、その死亡または出国の時）で、次の４つの要件すべてに該当するものとされている（所得税法第２条第１項第34号）。

① 配偶者以外の親族（６親等内の血族および３親等内の姻族をいいます。）または都道府県知事から養育を委託された児童（いわゆる里子）や市町村長から養護を委託された老人であること。
② 納税者と生計を一にしていること。

③　年間の合計所得金額が38万円以下であること（給与のみの場合は給与収入が103万円以下）。

④　青色申告者の事業専従者としてその年を通じて一度も給与の支払を受けていないことまたは白色申告者の事業専従者でないこと。

　なお、「生計を一にする」とは、財務省によると「必ずしも同一の家屋に起居していることをいうものではない」（所得税基本通達2-47）と示し、「次のような場合には、それぞれ次による」としている。

⑴勤務、修学、療養等の都合上他の親族と日常の起居を共にしていない親族がいる場合であっても、次に掲げる場合に該当するときは、これらの親族は生計を一にするものとする。

　イ．当該他の親族と日常の起居を共にしていない親族が、勤務、修学等の余暇には当該他の親族のもとで起居を共にすることを常例としている場合

　ロ．これらの親族間において、常に生活費、学資金、療養費等の送金が行われている場合

⑵親族が同一の家屋に起居している場合には、明らかに互いに独立した生活を営んでいると認められる場合を除き、これらの親族は生計を一にするものとする。

　例えば、勤務、修学、療養費等の都合上別居している場合であっても、余暇には起居を共にしている場合や、常に生活費、学資金、療養費等の送金が行われている場合には、「生計を一にする」ものとして取り扱われることになる。また、親族が同一の家屋に起居している場合にも、明らかに互いに独立した生活を営んでいると認められる場合を除き、「生計を一にする」ものとして取り扱われることになる。

　なお、2010年度の税制改正により、個人住民税における扶養控除が改正され、2012年度賦課分から適用されることになった。具体的には、16歳未満の扶養親族に係る扶養控除（以下「年少扶養控除」という。）が廃止され、16歳以

第3章 各制度における「世帯」概念の沿革と範囲

上19歳未満の扶養親族に係る特定扶養控除の上乗せ部分（12万円）が廃止され、扶養控除額が33万円となった。なお、19歳以上23歳未満の扶養親族に係る特定扶養控除（45万円）、23歳以上70歳未満の扶養親族に係る一般扶養控除（33万円）、および70歳以上の扶養親族に係る老人扶養控除（38万円）については現行のままで変更はない。ただし、年少扶養控除は廃止されるが、個人住民税の非課税限度額の算定に扶養親族の人数が必要となるため、年末調整や確定申告等で16歳未満の扶養親族を申告する必要がある。そのため、給与の支払いを受ける人は、毎年最初に給与の支払いを受ける日の前日までに個人住民税の「給与所得者の扶養親族申告書」を給与の支払者に提出しなければならない。個人住民税の「給与所得者の扶養親族申告書」は、納税者の皆さまの利便性を考慮し、所得税の「給与所得者の扶養控除等（異動）申告書」と統合した1枚の様式によるものとされている。そのため、給与の支払いを受ける人は、平成23年分から「給与所得者の扶養控除等（異動）申告書」の「住民税に関する事項」欄に年齢16歳未満の扶養親族を記載することになる（**図表3－3**）。なお、公的的年金等の受給者の扶養親族等申告書についても同様の措置を講じている。

　したがって、地方税法上では「世帯」の規定がないものの、控除対象配偶者または控除対象扶養親族がいる場合には、一定の金額の所得控除が受けられることから、住民票上の世帯よりも幅広く世帯範囲の対象として含まれることになる（**図表3－4**）。

85

図表3-3 「住民税に関する事項」欄の記載例（イメージ）

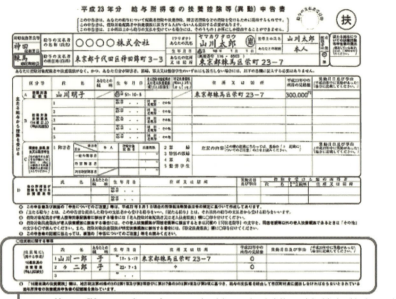

出典：総務省のサイト

第3章 各制度における「世帯」概念の沿革と範囲

図表3-4 地方税制度における「世帯」の範囲

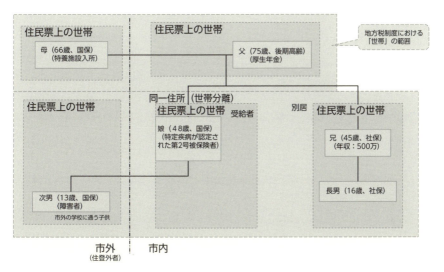

出典：著者作成

第3節　医療保険制度における「世帯」の捉え方

本節では、医療保険制度の代表的な制度として、国民健康保険、介護保険、後期高齢者医療の3つの制度を取り上げることとした[17]。

(1) 国民健康保険制度
　①制度の沿革
　医療保険制度において、健康保険法に基づき、健康保険組合は、事業所の事業主が保険者である。このため、地方自治体が保険者である国民健康保険を取り上げることとする。
　国民健康保険は、日本の社会保障制度の1つで、国民健康保険の加入者が病気やケガ、出産、死亡した場合に、必要な医療費が保険料から支払われる制度である。また、国民健康保険は各市町村が運営しており、加入や脱退などの手続きは住所登録のある地方自治体で行っている。市町村ごとに運営しているた

87

め、保険料の計算方法も住む場所によって多少異なっている。日本の健康保険制度は「国民皆保険」が基本で、国内に住所がある住民であれば、年齢や国籍（外国籍の方は在留期間が１年以上と決定された場合）に関係なく、必ず何かしらの健康保険に加入することが義務付けられている。その中で、次の要件のうちどれにも当てはまらない住民は、国民健康保険に加入する必要がある。なお、短時間労働（１週間の労働時間が30時間未満）の場合や、従業員を雇っていない個人事業主（自営業者）の住民でも、次の要件に該当しない場合は国民健康保険の加入が必要である（国民健康保険法第５条、第６条第１号ないし第８号）。

① 健康保険・船員保険・公務員共済などの職域保険に加入している者と、その被扶養者
② 国民健康保険組合に加入している者と、加入者の世帯に属する者
③ 生活保護を受けている世帯に属する者
④ 後期高齢者医療制度の被保険者
⑤ その他特別の理由がある者で、厚生労働省令で定めるもの

なお、厚生労働省保険局長［2012］によると、外国人であっても、３カ月以上の在留期間が決定された中長期在留者（施行規則第１条）や、資料上３カ月以上の国内滞在者であると認められる者は、国民健康保険への加入義務が発生することになる。

このため、上記の対象でなくなった場合には、その日から14日以内に現在住んでいる市町村で加入の手続きをしなければならない。ただし、学校等に修学のため他市町村に居住する学生については、自ら生活している場合や結婚して配偶者の所得で生計を維持しているような場合を除き、親元の市町村の国民健康保険の適用を受けることになる。また、病院等に入院等することにより他市町村からその病院等のある市町村に転入した場合は、入院等した際に現に住所を有していた従来の市町村の国民健康保険の被保険者とされる。この点が、住民票上の世帯員と異なるケースを生み出す要因の１つとなる。

なお、市町村の国民健康保険の対象となるのは、具体的には農林水産業従事者、自営業者、被用者保険に該当しない非正規労働者、退職者、無職者であ

り、被扶養者という概念は国民健康保険にはない（家族も「被保険者」となる。ただし、退職者医療制度に係る場合は除く）ため、専業主婦・専業主夫、学生や未成年者等も被保険者となりうる。かつては自営業者を加入者の代表例とする場合が多かったが、最近は退職者など無職者の加入者が増加している。

また、国民健康保険は、「被保険者の疾病、負傷、出産または死亡に関して必要な保険給付を行う」（国民健康保険法第2条）ことを主な目的としている。その背景として、日本において最初の公的医療保険は1922年に施行された健康保険法であり、これは企業雇用者の職域保険が導入される一方で、農山村での結核、寄生虫、トラホーム等の疾病の蔓延にもかかわらず、貧困のための適切な医療が受けられない状況が生じていた。そのため、1938年に組合方式であり農山漁村の住民を対象としていた国民健康保険法が制定された。当時は、任意設立、任意加入の方式を採用していたが、1942年に地方長官が国民健康保険組合の強制設立を命じることができるようになり、組合設立が促進された。

第二次世界大戦後の1948年には、市町村公営を原則とする強制加入方式が採用され、職域の被用者保険とは異なる地域保険として発展する契機となった。また、業種別の国民健康保険の設立も認めた。その後、1958年に全面改正し、市町村運営方式により官庁や企業に組織化されていない住民を対象とすることで、1961年にはすべての住民が公的医療保険に加入する「国民皆保険」を支える重要な医療保険制度として位置づけられるようになった。

当初は、医療費の5割が自己負担とされていたが、現在では世帯主および世帯員ともに7割給付である。なお、国民健康保険料（税）は、医療分と介護分（国保加入者で40歳から64歳までの住民）、および後期高齢者支援金分を合算するが、国民健康保険料（税）負担額は、各地方自治体において、その年に予測される医療費から、病院などで支払う一部負担金や、国などからの補助金を差し引いた分から算出される（国民健康保険法第76条、第81条）。

なお、世帯当たりの保険料の決め方は、加入している被保険者の人数や、被保険者で構成される世帯の前年所得に応じて、各世帯の保険料（4月から翌年3月までの12カ月分）が計算される。また、40歳以上65歳未満の加入者がいる場合は介護保険分が加算される。

国民健康保険における保険者は、そのため、地方自治体ごとに保険料の水準

に地域差が生じることになる。そこで現在、都道府県内で運用方針を策定し、事務の標準化等を図ろうとしている。「市町村・特別区と国民健康保険組合」とされている（国民健康保険法第3条）。なお、市町村は特別区を含んでおり、国民健康保険組合は職域国保と呼ばれている。市町村は、住民に最も身近な基礎自治体として、国民健康保険事業の実施義務を負っている。また、国民健康保険事業の運営に関する重要事項を審議するため、すべての市町村に市町村長の諮問機関として、国民健康保険運営協議会が置かれる（国民健康保険法第11条）。協議会の委員は、被保険者代表、保険医・保険薬剤師代表、公益代表各同数で組織される。なお、統括団体として、47の国民健康保険団体連合会、および国民健康保険中央会が存在する。

　一方、国民健康保険組合は、同種の事業または業務に従事する者で当該組合の地区内に住所を有する者を組合員として組織する（国民健康保険法第13条の1）。従って、組合を設立しようとする場合は、組合員となるべき者300人以上の同意を得て、都道府県知事に申請し、その認可を受けなければならないとされている（国民健康保険法第17条）。

②「世帯」の捉え方と範囲

　国民健康保険は、基本的には住民票上の世帯単位で加入し、被保険者証（国民健康保険証）は、個人に1枚交付される。なお、加入・脱退・変更の届出や保険料（税）の支払いの義務は、世帯主が負うことになる（国民健康保険法第9条）。従って、世帯主の責任は重い。また、国民健康保険料（税）も世帯単位で計算され、高額療養費の基準となる自己負担額なども世帯単位で計算される。このように、国民健康保険は世帯を単位として運営されている。

　ただし、前述した通り、健康保険・船員保険・公務員共済などの職域保険に加入している者と、その被扶養者といった国民健康保険の加入要件に該当しない住民は、国民健康保険の世帯からは外されることになる。また、同じく前述した通り、学校等に修学のため他市町村に居住する学生については、親元の市町村の国民健康保険の適用を受けることになるため、住民票上別世帯であっても、国民健康保険の同一世帯として扱われることになる（**図表3-5**）。

　なお、国民健康保険の被保険者の属する世帯で、世帯主が別の健康保険に加入しており、国民健康保険の被保険者でない場合がある。このような世帯主本

第3章 各制度における「世帯」概念の沿革と範囲

図表3－5　国民健康保険制度における「世帯」の範囲

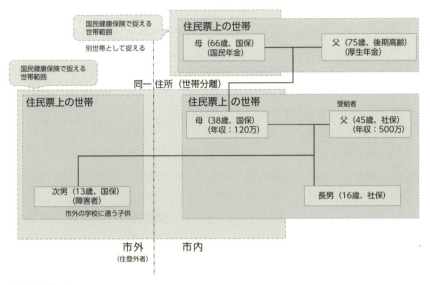

出典：著者作成

人が国民健康保険に加入していなくても、同じ世帯に加入者がいる世帯のことを、国民健康保険制度では「擬制世帯」、また住民票上の世帯主を「擬制世帯主」と呼んでいる（国民健康保険法第76条）。各種届出や保険料（税）の納付義務は、基本的に世帯主にあるため、通知書や納付書は擬制世帯主宛に送られることになる。ただし、擬制世帯主は、国民健康保険の被保険者としての資格はないため、被保険者証は使えない。また、保険料（税）の賦課算定の対象数値からは外れることになる。

そのため、厚生労働省保険局長通知（2001年12月25日付け）「国民健康保険における『世帯主』の取扱いについて（保発第291号都道府県知事あて）」に基づき、擬制世帯の国民健康保険加入者で、世帯主変更を希望する世帯は、変更の条件・国民健康保険税を滞納していないことや住民票上の世帯主の同意が得られること等を条件に、住民票の世帯主とは別に国民健康保険上の世帯主を設定できるようになった。それぞれの条件は、各地方自治体の要綱等で定められている[18]。

（2）介護保険制度

①制度の沿革

　介護保険とは、介護を事由として支給される保険である。この保険には、公的介護保険と民間介護保険があり、民間介護保険の保障内容には介護一時金や介護年金などがある。介護保険適用対象となる介護サービスについて厚生労働省が定めた報酬が介護報酬である。本書では、主に地方自治体が携わる公的介護保険を取り上げることとする。

　公的介護保険の基本法である介護保険法は、1997年に制定され、2年4カ月の準備期間を経て2000年4月1日から施行された。介護の問題に対しては、従来、老人福祉法に基づく高齢者福祉制度と、老人保健法に基づく高齢者医療制度の両方で対処してきた。前者は財源を公費および利用者・家族からの費用負担によりながら、行政が当事者ニーズおよび所得等をふまえてサービスの要否、その内容を判断する措置制度によって行われてきた。後者の高齢者医療制度に対しては、高齢化の急速な進展によって老人医療費の増加が著しいという問題があり、自宅に介護の態勢が整っていない、入るべき介護施設等が存在しないなどの事情により、本来、治療が不要な高齢者が入院を余儀なくされてしまう「社会的入院」によって老人医療費を押し上げる大きな要因の1つとされてきた。介護保険は、こうした福祉と医療に分けられた介護を、介護保険制度という形で再編成し、要介護等利用者にとって利用しやすく、公平かつ効率的な社会的支援システムを構築することに狙いがあった。

　これまでの年金制度や医療保険制度といった社会保障制度には、「現金給付」という点に対して、介護制度は、要介護認定を受けた利用者が所得にかかわらず1割の利用料を支払うことで介護サービスそのものが給付される「現物給付」となっている点が、他の社会保障制度との大きく異なる点にある。従って、介護保険制度は、加入者が保険料を出し合い、介護が必要な時に認定を受けて、必要な介護サービスを利用する制度である。

　介護保険の実施主体は、市町村であり、市町村は保険者として、保険料と公費を財源として、介護保険事業を運営している。介護保険の加入者（被保険者）は、年齢により65歳以上の住民（第1号被保険者）と、40歳〜64歳の方で医療保険に加入している住民（第2号被保険者）の2つに大別される。第1号

第3章　各制度における「世帯」概念の沿革と範囲

被保険者の住民は原因を問わず、第2号被保険者の住民は、加齢による病気（特定疾病）が原因で介護や支援が必要になった場合に、要介護認定を受けて、それぞれの要介護状態に応じたサービスを利用することができる（**図表3-6**）。

図表3-6　介護保険制度における被保険者の種類

	第1号被保険者	第2号被保険者
対象者	65歳以上の人	40歳から64歳までの医療保険加入者
受給要件	・　要介護状態 　　寝たきり、認知症などで 　　介護が必要な状態 ・　要支援状態 　　日常生活に支援が必要な 　　状態	・　要介護、要支援状態が、特定疾病による 　　場合に限定 ＜特定疾病＞ 1．筋萎縮性側索硬化症 2．後縦靭帯骨化症 3．骨折を伴う骨粗しょう症 4．多系統萎縮症 5．初老期における認知症 6．脊髄小脳変性症 7．脊柱管狭窄症 8．早老症 9．糖尿病性神経障害、糖尿病性腎症および 　　糖尿病性網膜症 10．脳血管疾患：脳出血、脳梗塞、くも膜下 　　出血、硬膜下血腫等 11．進行性核上性麻痺、大脳皮質基底核変性 　　症およびパーキンソン病 12．閉塞性動脈硬化症 13．関節リウマチ 14．慢性閉塞性肺疾患 15．両側の膝関節または股関節に著しい変形 　　を伴う変形性関節症 16．末期がん
保険料負担	・　市町村が徴収 　　（原則、年金から天引き）	・　医療保険者が医療保険の保険料と一括徴 　　収

出典：田中香津奈［2005］「かずな先生の保険ゼミ『社会保障制度 ～介護制度のしくみ～』」

93

従って、65歳以上の第1号被保険者は、原因を問わず要支援・要介護状態になったときに公的介護保険のサービスを利用することができるが、40歳から64歳の第2号被保険者は、末期がんや関節リウマチ等の老化による病気が原因で要支援・要介護状態になった場合に限り、介護サービスを受けられる。つまり、特定疾病以外の事由が原因で介護状態になっても、公的介護保険のサービスは受けられないことになる。

　なお、第1号被保険者は、年金からの天引きや直接保険者に納付する方法で定額の保険料を納付し、第2号被保険者は、国民健康保険料や職場の健康保険料等と一緒に納付する。第1号被保険者も第2号被保険者も、保険料は世帯の所得に応じて決まる。

②「世帯」の捉え方と範囲

　介護保険法上では「世帯」の規定がないものの、基本的には住民票上の世帯が基本となる。しかしながら、地方自治体では、65歳以上の第1号被保険者に対する保険料の計算および徴収を行っているため、住民票上の世帯に対して第1号被保険者のみが世帯範囲の対象となる。ただし、前述の通り、40歳以上65歳未満の第2号被保険者でも、特定疾病にかかっており、要介護者、または要支援者と認定されたものは、世帯範囲の対象として含まれることになる（**図表3－7**）。

　また、介護保険では、被保険者資格の適用は、原則として住所地主義により行うこととされているが、介護保険施設等への入所に伴って当該施設の所在地に住所を移転した場合等すべての場合に住所地主義を貫くと、介護保険施設等の所在市町村の介護保険財政の負担が大きくなる等の不都合が生じることになる。このため、一定の場合に住所地主義の原則に対する例外的な適用を行うこととし、住所地主義に伴う保険者間の財政的な不均衡の是正を図るものとして特例措置が行われるのが「住所地特例」である（介護保険法第13条）。

　なお、この特例措置は、施設等を多く抱える市区町村の負担が過大にならないようにするための措置として、介護保険のほか国民健康保険・後期高齢者医療制度に設けられている。この場合、介護保険料は前住所地の市町村に支払うほか、要介護認定や介護給付も保険者である前住所地の市町村から受けることとなる。このため、住所地特例の適用を受けるに至った場合は、入居者が、介

第3章 各制度における「世帯」概念の沿革と範囲

図表3-7　介護保険制度における「世帯」の範囲

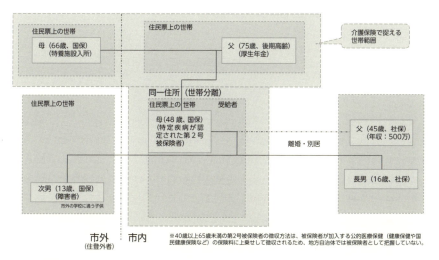

出典：著者作成

護保険を行う市町村に届け出なければならない（介護保険法施行規則第25条）。
　住所地特例対象施設としては、介護保険施設（介護老人福祉施設、介護老人保健施設、介護療養型医療施設）、特定施設（有料老人ホーム、養護老人ホーム、軽費老人ホーム、適合高齢者専用賃貸住宅／地域密着型特定施設を除く）、養護老人ホーム（老人福祉法の入所措置がとられている場合）が挙げられる。
　また、介護保険料は、個人単位で賦課されるが、同一世帯内の加入者と世帯主の合計所得金額をもとに、段階別定額保険料方式が採用され、本人が市町村税非課税であっても、世帯構成員に課税者がいるか否かで保険料段階が異なる。
　そのため、普通徴収に対する保険料の納付義務は、第1号被保険者本人とされるが、徴収の確実性を期すため、世帯主および配偶者の一方が連帯納付義務者とされる（介護保険法第132条）。なお、この連帯納付義務に対して、厚生労働省［2000b］によると「当該世帯の他構成員にとっても、当該高齢者に保険給付が行われることにより、介護負担が軽減されるなど受益が生じており、世帯員がこうした補完的な役割を負うことは受忍されるべきもの」と指摘してい

る。

（3）後期高齢者医療制度

①制度の沿革

　2006年6月に医療制度改革に関する諸法律が成立し、その改革の大きな柱の一つとして、2008年4月から高齢者医療制度が施行された。この高齢者医療制度は、①65歳から74歳の前期高齢者に関する保険者間の財政調整制度の導入、②75歳以上を対象とする独立型の後期高齢者医療制度の創設の2つの柱で構成される。この②の後期高齢者医療制度は、75歳に到達すると、それまで属していた保険制度（例：国民健康保険、健康保険組合）から離脱し、75歳以上の者だけを一つの保険集団として被保険者とする独立した保険制度に加入するという、まったく新しい仕組みである。

　また、保険料の上限額は年間50万円である。なお、保険料は原則として年金から特別徴収（天引き）されるが、年金額が18万円未満の者または高齢者医療制度の保険料と介護保険料との合算額が年金額の2分の1を超える者については普通徴収される。ただし、年金額が年額18万円（月1万5千円）未満の者と、保険料（介護保険料との合算額）が年金額の2分の1を超える者は金融機関の窓口などで支払うことになる（普通徴収）。これらは介護保険における保険料の仕組みを踏襲している。なお、保険料は市町村が徴収し、後期高齢者医療広域連合に納付する。徴収方法は特別徴収（年金からの天引き）が原則となるため、特別徴収は介護保険の特別徴収対象者であることが必要である。

　また、市町村は、後期高齢者医療の事務を処理するため、都道府県の区域ごとに当該区域内のすべての市町村が加入する広域連合（後期高齢者医療広域連合）を設け、その費用の負担については、患者負担（原則1割、現役並みの所得を有する者は3割）を除いて、公費5割、現役世代の支援金4割、高齢者のからの保険料1割で賄うことになっている。

②「世帯」の捉え方と範囲

　後期高齢者医療制度上では、介護保険制度と同様に「世帯」の規定がないものの、基本的には住民票上の世帯が基本となる。従って、75歳になると、それまでの保険者から脱退し、新たに後期高齢者医療制度に加入する（被保険者資

第3章　各制度における「世帯」概念の沿革と範囲

格が変わる）ことになる。つまり、住民票上の世帯に対して、新たな被保険者で構成される世帯を構成することになる。

また、後期高齢者医療制度の保険料は、世帯単位ではなく被保険者一人ひとり（個人単位）に対する保険料の計算および徴収を行っている。

ただし、保険料は、マクロ的には応能分（被保険者の所得額に応じて負担する部分）と応益割（被保険者が均等に負担する定額部分）が半々で賦課されるが、低所得者については応益割部分についても所得額に応じて軽減措置が講じられている。例えば、低所得者の保険料軽減として、保険料のうち「均等割額」は、後期高齢者医療制度に加入する同一世帯内の被保険者と世帯主の軽減対象所得金額の合計額から、世帯の所得に応じて均等割額が軽減される。従って、住民票上の世帯に対して、後期高齢者医療制度の加入者本人と世帯主および同じ世帯のほかの加入者を世帯範囲の対象者として取り扱われていることになる（図表3−8）。

このため、介護保険制度と同様に、後期高齢者医療制度でも、被保険者本人

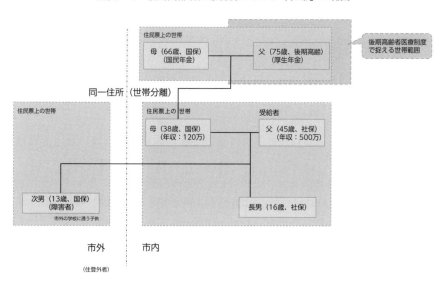

図表3−8　後期高齢者医療制度における「世帯」の範囲

出典：著者作成

97

のみならず、世帯主や配偶者も連帯して納付する義務を負うことになる。

第4節　生活保護制度における「世帯」の捉え方

（1）制度の沿革

　戦前の一般的公的扶助法として救護法が存在していたが、他に軍事扶助法等の特別法があったため、救護法による救済人員は極めて少なかった。しかしながら終戦後、戦災、引き揚げ、離職等により公的扶助を必要とする者が急激に増加したが、分散化された救護制度では非能率的であり、適切な措置を講じることができなかった。そこで、政府は昭和20年12月、生活困窮者に対する随時的応急的な対応として、「生活困窮者緊急生活援護要綱」を閣議決定し、翌年4月から実施した。また、各種救済法規を根本的に改正するため、生活保護法（以下「旧生活保護法」という。）を昭和21年9月に制定、翌10月に施行した[19]。

　旧生活保護法の特徴は、①軍事扶助法等の特別法を吸収した統一的な公的扶助法であること、②国家責任による要保護者の生活保護の原則が明文化されたこと、保護費は8割を国庫が負担すること、③保護対象について無差別平等原則を採用し、「生活の保護を要する状態にある者の生活を、国が差別的または優先的な取扱をなすことなく平等に保護」（旧生活保護法第1条）することを明記したことにある。しかし、無差別平等の原則をうたいつつ、素行不良者、怠惰者、扶養をなし得る扶養義務者を有し急迫した事情がない者は保護を認めない（旧生活保護法第2条）ものであった。

　そのため、1949年9月に開催された社会保障制度審議会において「生活保護制度の改善強化に関する件」を政府に提出した。その内容は、①国の保障する最低生活は健康で文化的な生活を営ませる程度のものであること、②生活困窮者の保護請求権の明示および不服申立てを法的に保障すること、③保護の欠格条項の明確化であった。そのため、生活保護制度の改善強化については、一般情勢による要請に加え、上記勧告もふまえ、1948年3月に現行生活保護法案が提出され、1950年5月に旧生活保護法は全面改正され、現在に至っている。

　現行生活保護法の特徴は、生活保護制度を憲法第25条の生存権理念に基づく

第3章　各制度における「世帯」概念の沿革と範囲

制度とし、国民は一定の要件を満たせば、保護を受ける権利を有するものとし、不服申立ての制度を設け、この権利の行使を担保したことにある。そのため、申請に当たっては、都道府県、市等の地方自治体が設置する福祉事務所が窓口となる。通常、申請の前に相談が行われ、生活保護制度の説明、生活福祉資金、障害者施策等各種の社会保障施策活用の可否が検討される。

　生活保護の支給を受けるには、要保護者等が申請を行わなくてはならない（申請保護の原則、生活保護法第7条）。申請が行われると、要保護者について、保護の補足性の原理（生活保護法第4条）に基づきさまざまな検討、調査が行われる。保護の補足性の原理とは、資産、能力等あらゆるものを活用することを保護の要件とする原則である。活用すべきものの具体例としては、不動産、預貯金等の資産、稼働能力、年金や手当等の社会保障給付、扶養義務者からの扶養等が挙げられる。保護の要否の判定は、基準および程度の原則（生活保護法第8条）により、厚生労働大臣の定める基準（いわゆる保護基準）によって、最低生活費を計算し、これとその者の収入とを比較して、その者の収入だけで最低生活費に満たない場合に、生活保護が必要と判定される。支給に際しては、収入を差し引いた差額が支給される。収入としては、就労による収入、年金等社会保障の給付、親族による援助等が認定される。なお、保護の要否や程度は世帯単位で判定して実施される（世帯単位の原則、生活保護法第10条）。

　さらに預貯金、保険の払戻金、不動産等の資産の売却収入等も認定されるため、これらを消費した後に、保護適用となる。その後、必要即応の原則（生活保護法第9条）により、要保護者の年齢、健康状態といった個々の事情を考慮した上で有効かつ適切な扶助や特別加算が給付される。

（2）「世帯」の捉え方と範囲

　生活保護制度では、厚生労働省［2009］によると、生活保護法第10条に基づき、生活保護の要否および程度を判断する場合の単位として、世帯を原則とすることを定めている。このことは、各個人の経済生活を営むにおいて、通常、世帯を単位としており、保護する生活困窮の事態も世帯員のある特定の個人について現れるものではなく、世帯全体に同じ程度において現れるものとみなせ

99

るからである、としている。もちろん、世帯単位の原則は、保護の実施のための原則に留まるものであり、生活保護法上の請求権は、個々の困窮者が有するものであるから、保護申請や不服申し立ては、当該要保護世帯員のいずれもが行うことができる、としている。

　また、厚生省社会局長［1963］によると、生活保護法第10条に基づき「世帯の認定」として「同一の住居に居住し、生計を一にしている者は、原則として、同一世帯員として認定すること。なお、居住を一にしていない場合であっても、同一世帯として認定することが適当であるときは、同様とすること」を示している。その上で、厚生省社会局長［1963］では、上記の見解に基づき、以下のような世帯の認定の例示を行っている。

「第1　世帯の認定」

1　居住を一にしていないが、同一世帯に属していると判断すべき場合とは、次の場合をいうこと。

　（1）出かせぎしている場合

　（2）子が義務教育のため他の土地に寄宿している場合

　（3）夫婦間または親の未成熟の子（中学3年以下の子をいう。以下同じ。）に対する関係（以下「生活保持義務関係」という。）にある者が就労のため他の土地に寄宿している場合

　（4）行商または勤務等の関係上子を知人等にあずけ子の生活費を仕送りしている場合

　（5）病気治療のため病院等に入院または入所（介護老人保健施設への入所に限る。2の（5）（エを除く。）および（6）並びに第2の1において同じ。）している場合

　（6）職業能力開発校、国立光明寮等に入所している場合

　（7）その他（1）から（6）までのいずれかと同様の状態にある場合

2　同一世帯に属していると認定されるものでも、次のいずれかに該当する場合は、世帯分離して差しつかえないこと。ただし、これらのうち（3）、（5）、（6）、（7）および（8）については、特に機械的に取り扱うこと

第3章　各制度における「世帯」概念の沿革と範囲

なく、世帯の状況および地域の生活実態を十分考慮したうえ実施すること。また、（6）または（7）に該当する者と生活保持義務関係にある者が同一世帯内にある場合には、（6）または（7）に該当する者とともに分離の対象として差しつかえない。

（1）世帯員のうちに、稼働能力があるにもかかわらず収入を得るための努力をしない等保護の要件を欠く者があるが、他の世帯員が真にやむを得ない事情によって保護を要する状態にある場合

（2）要保護者が自己に対し生活保持義務関係にある者がいない世帯に転入した場合であって、同一世帯として認定することが適当でないとき

（3）保護を要しない者が被保護世帯に当該世帯員の日常生活の世話を目的として転入した場合であって、同一世帯として認定することが適当でないとき（世帯分離を行わないとすれば、その世帯がなお被保護世帯である場合であって、当該転入者がその世帯の世帯員のいずれに対しても生活保持義務関係にない場合に限る。）

（4）次に掲げる場合であって、当該要保護者がいわゆる寝たきり老人、重度の心身障害者等で常時の介護または監視を要する者であるとき（世帯分離を行わないとすれば、その世帯が要保護世帯となる場合に限る。）

　ア　要保護者が自己に対し生活保持義務関係にある者がいない世帯に属している場合

　イ　ア以外の場合であって、要保護者に対し生活保持義務関係にある者の収入が自己の一般生活費以下の場合

（5）次に掲げる場合であって、その者を出身世帯員と同一世帯として認定することが出身世帯員の自立助長を著しく阻害すると認められるとき

　ア　6カ月以上の入院または入所を要する患者等に対して出身世帯員のいずれもが生活保持義務関係にない場合（世帯分離を行なわないとすれば、その世帯が要保護世帯となる場合に限る。）

　イ　出身世帯に配偶者が属している精神疾患に係る患者または中枢神経系機能の全廃若しくはこれに近い状態にある者であって、入院または入所期間がすでに1年をこえ、かつ、引き続き長期間にわたり入院または入所を要する場合（世帯分離を行わないとすれば、その世帯が要

101

保護世帯となる場合に限る。)

ウ 出身世帯に自己に対し生活保持義務関係にある者が属している長期
入院患者等であって、入院または入所期間がすでに3年をこえ、か
つ、引き続き長期間にわたり入院または入所を要する場合（世帯分離
を行わないとすれば、その世帯が要保護世帯となる場合に限る。)

エ ア、イ若しくはウに該当することにより世帯分離された者が結核予
防法第35条若しくは精神保健および精神障害者福祉に関する法律第30
条の公費負担を受けて引き続き入院している場合または引き続きその
更生を目的とする施設に入所している場合

オ イ、ウまたはエに該当することにより世帯分離された者が、退院若
しくは退所後6カ月以内に再入院または再入所し、長期間にわたり入
院または入所を要する場合（世帯分離を行わないとすれば、その世帯
が要保護世帯となる場合に限る。)

（6）（5）のア、イ、ウまたはオ以外の場合で、6カ月以上入院または入
所を要する患者等の出身世帯員のうち入院患者に対し生活保持義務関係
にない者が収入を得ており、当該入院患者と同一世帯として認定するこ
とがその者の自立助長を著しく阻害すると認められるとき（世帯分離を
行わないとすれば、その世帯が要保護世帯となる場合に限る。)

（7）同一世帯員のいずれかに対し生活保持義務関係にない者が収入を得
ている場合であって、結婚、転職等のため1年以内において自立し同一
世帯に属さないようになると認められるとき

（8）救護施設、養護老人ホーム、特別養護老人ホーム若しくは介護老人
福祉施設、知的障害者援護施設または身体障害者療護施設の入所者と出
身世帯員とを同一世帯として認定することが適当でない場合（保護を受
けることとなる者とその者に対し生活保持義務関係にある者とが分離さ
れることとなる場合については、世帯分離を行わないとすれば、その世
帯が要保護世帯となるときに限る。)

3 高等学校（定時制および通信制を含む。)、中等教育学校の後期課程、盲
学校、聾学校若しくは養護学校の高等部専攻科、高等専門学校、専修学校

または各種学校（以下「高等学校等」という。）に就学し卒業することが世帯の自立助長に効果的と認められる場合については、就学しながら、保護を受けることができるものとして差し支えないこと。

　ただし、専修学校または各種学校については、高等学校または高等専門学校での就学に準ずるものと認められるものであって、その者がかつて高等学校等を修了したことのない場合であること。

4　次の各要件のいずれにも該当する者については、夜間大学等で就学しながら、保護を受けることができるものとして差しつかえないこと。
　（1）その者の能力、経歴、健康状態、世帯の事情等を総合的に勘案の上、稼働能力を有する場合には十分それを活用していると認められること。
　（2）就学が世帯の自立助長に効果的であること。

5　次のいずれかに該当する場合は、世帯分離して差しつかえないこと。
　（1）保護開始時において、現に大学で就学している者が、その過程を修了するまでの間であって、その就学が特に世帯の自立助長に効果的であると認められる場合
　（2）次の貸与金を受けて大学で就学する場合
　　ア　独立行政法人日本学生支援機構法による貸与金
　　イ　国の補助を受けて行われる就学資金貸与事業による貸与金であってアに準ずるもの
　　ウ　地方公共団体が実施する就学資金貸与事業による貸与金（イに該当するものを除く。）であってアに準ずるもの
　（3）生業扶助の対象とならない専修学校または各種学校で就学する場合であって、その就学が特に世帯の自立助長に効果的であると認められる場合

　なお、厚生労働省［2009］では、上記の原則に基づきつつも、生計を一にしているか否かの認定が主として事実認定の問題となるため、比較的事実認定が容易な同一居住という目安を用いることとしているものの、親族関係の有無や

濃密性等といった居住者相互の関係や、消費財およびサービスの共同購入・消費の共同、家事労働の分担など、戸籍や住民基本台帳の記載事実等の事実関係の正確な把握に基づき、個々の事情に即した適正な世帯認定を求めている[20]。

また、同一居住は同一生計の判定の上で重要ではあるが、一つの目安にしかすぎず、夫の出稼ぎや子供の入院等、同一の住居に居住しなくても社会生活上同一生計としてみなせる場合は同一世帯として認定することが妥当な場合がありうるとしている。従って、住民票上の世帯に対して、生活保護制度の世帯は、より幅広く社会生活上同一生計の世帯構成員全体を世帯範囲の対象者として取り扱われていることになる（図表3－9）。

なお、生活保護制度における世帯認定については、厚生労働省から1957年に「保護の実施要領」が通知され、数多くの改正が行われている。ただし、世帯認定の「保護の実施要領」の規定は、1970年代までにほぼ確定し、生活保持義務関係の有無が頻繁に取り上げられ、生活保持義務関係者の有無は世帯分離の際の要件とし、生活保護受給者の家族生活を規制してきた。つまり、世帯の認

図表3－9　生活保護制度における「世帯」の範囲

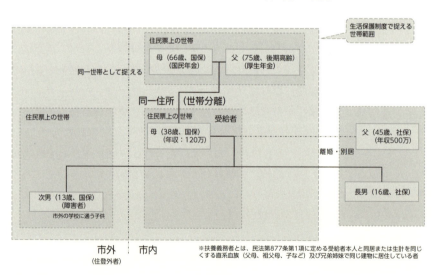

出典：著者作成

第3章　各制度における「世帯」概念の沿革と範囲

定について、大きな生活共同体を前提とした世帯概念を用いているのである（牧園［2013］）。

第5節　手当制度における「世帯」の捉え方

本節では、手当制度の代表的な制度として、児童手当、児童扶養手当の2つの制度を取り上げることとした[21]。

（1）児童手当
①制度の沿革
児童手当とは、児童を育てる保護者に対して、主に行政から支給される手当のことである。日本における児童手当は、1971年の児童手当法の制定により、1972年1月から実施されている。その目的として「家庭における生活の安定」と「次代の社会をになう児童の健全な育成および資質の向上」とされている（児童手当法第1条）。

創設当時は、第3子以降の義務教育終了前の子ども1人につき月額3,000円を支給するものであった。その後、1986年6月から支給対象を第2子以降に拡大し、さらに、1992年1月から第1子まで拡大するなど、支給対象や支給要件、支給額等の改正が幾度となく行われた。そして、2007年4月以降は、小学校修了前の子どもを対象とし、3歳未満の場合は月額10,000円、3歳以上の場合第1子・第2子は月額5,000円、第3子以降は1人につき月額10,000円が支給されていた。なお、児童手当は非課税であるが、所得制限が設けられている。

2009年8月の第45回衆議院議員総選挙の結果、マニフェストに子ども手当を掲げた民主党が政権交代を果たし、2010年度から11年度は時限立法により子ども手当制度が児童手当を包括したが、2012年度から自由民主党が政権交代で復帰したため、再び児童手当の名称で支給されている。

そのため、2012年からは、中学生（15歳になって最初の3月31日までの者）以下を対象に月1万5千円または1万円が支給されている。また、児童手当の対象者は、0歳以上15歳に到達してから最初の年度末（3月31日）までの間に

105

ある児童である。3歳以上12歳に到達して最初の年度末までの児童を便宜上
「小学校修了前の児童」、それ以降で15歳に到達してから最初の年度末までの間
にある児童を同じく「中学校修了前の児童」と呼んでいる。ただし、この呼び
方は便宜上であり、児童が就学猶予等の理由によりこれ以降の時期に中学生以
下であったとしても支給の対象にならず、外国の中学校をすでに卒業していた
場合でも、期間内であれば対象になる。なお、支給対象となる児童の国籍は問
わないが、2012年度からは居住地は留学等の例外を除いて日本国内である必要
がある。

　また、児童手当は児童自身に対してではなく、児童を養育する者に対して支
給される。従って、通常は児童の親が手当を受けることになるが、両親ともが
児童を養育していない場合は、未成年後見人や代わって児童を養育している者
に手当が支給される。受給者は国内に居住している必要があり、父母がともに
国外に在住している場合は、父母のうちどちらを児童手当の受給者とするかに
ついては、同居している者がいる場合は同居者を優先し、それでも決まらなけ
れば児童の生計を維持する程度が高い者が受給者になる。このため、所得が高
い者、健康保険を負担している者等を受給者として支給する地方自治体が認定
する。受給者の所得による資格制限があり、手当を受けようとする者の税法上
の所得が一定額以上であると、児童手当は支給されず、代わりに児童の年齢に
かかわらず、支給対象1人につき月額5,000円の特例給付が支給される。手当
を受ける者が手当を受ける前に死亡した場合、児童本人が手当を受けることが
できる。また、児童福祉施設に入所していたり里親に委託されていたりする児
童については、施設の長または里親が手当を受ける。この場合、所得制限はな
い。

　さらに、児童手当は、手当を受けようとする者が、自分の住む市区町村に請
求することによって支給が開始される。ただし、児童が別の市区町村に居住し
ていてもよいことになる。従って、出生届や転入届といった住民票や戸籍上の
手続きだけでは支給されず、別に児童手当に関する手続きを行う必要がある。
また、国家公務員および地方公務員の場合、所属する職場にて手続きを行う必
要がある。手続きに基づく請求の結果、支給が決定されると、計算された額
が、毎年2月・6月・10月に4カ月分ずつまとめて支給される。支給は一般的

第3章　各制度における「世帯」概念の沿革と範囲

には受給者が指定する金融機関の口座に振り込まれるが、市町村によっては窓口において直接手渡すこともある。また、児童の数が増減したときには届け出る必要があるほか、年に1回6月には児童の養育状況や前年の所得を確認するための現況届と呼ばれる届出をする必要がある。

②「世帯」の捉え方と範囲

児童手当における世帯は、所得制限限度額を判定するために取り扱われる。児童手当の所得制限限度額は、受給者およびその配偶者の前年の所得が対象となり、世帯全員の所得の合算ではない。なお、受給者は、児童を養育している監護生計（監督・保護し、かつ生計を同じく）要件を満たす父または母等のうち、所得の高い方の者か、児童が施設に入所している場合は施設の設置者または里親等となる。このため、所得制限限度内であっても、受給者の所得額よりも配偶者の所得額の方が高い場合、原則として受給者の変更が必要となる。

また、前述の通り、児童も別の市区町村に居住していてもよいことから、例えば、住民票上の別世帯である市外の学校に通う児童も、児童手当の同一世帯として取り扱うことになる。

なお、児童手当の所得制限限度額は、**図表3-10**の通りであるが、税法上の扶養親族等の数（健康保険の扶養とは異なる）と前年の所得額にて判定される（児童手当法施行令第1条）。また税法上、扶養控除対象となる扶養家族とは、配偶者以外の親族（六親等内の血族および三親等内の姻族）か都道府県知事から養育を委託された児童または市町村長から養護を委託された老人で、納税者と生計を一にし、年間の合計所得金額が38万円以下の、事業専従者ではない人をいう。

従って、住民票上の世帯に対して、児童手当制度の世帯は、住民票上の別世帯である市外の学校に通う児童を世帯範囲の対象者や、受給者の税法上の扶養親族等の数も取り扱われていることになる（**図表3-11**）。

（2）児童扶養手当

①制度の沿革

児童扶養手当とは、父母が離婚するなどして父または母の一方からしか養育を受けられない一人親家庭などの児童のために、地方自治体から支給される手

図表3-10　児童手当制度の所得制限限度額表

(単位：万円)

扶養親族等の数	所得額	収入額
0人	622	833.3
1人	660	875.6
2人	698	917.8
3人	736	960
4人	774	1002.1
5人	812	1042.1

(注1) 収入額は、所得額に給与所得控除額等相当分を加算した額（実際の適用は所得額で行い、収入額は用いない）。
(注2) 扶養親族等の数は、税法上の控除対象配偶者及び扶養親族（施設入所等児童を除く。以下、「扶養親族等」という。）並びに扶養親族等でない児童で前年の12月31日において生計を維持したものの数をいう。
(注3) 平成24年6月1日より適用。
(注4) 所得税法に規定する老人控除対象配偶者又は老人扶養親族がある者についての限度額（所得額ベース）は上記の額に該当老人控除対象配偶者又は老人扶養親族1人につき6万円を加算した額。
(注5) 扶養親族等の数が6人以上の場合の限度額（所得ベース）は、1人につき38万円（扶養親族等が老人控除対象配属者又は老人扶養親族であるときは44万円）を加算した額。

出典：厚生労働省のサイト

図表3-11　児童手当制度における「世帯」の範囲

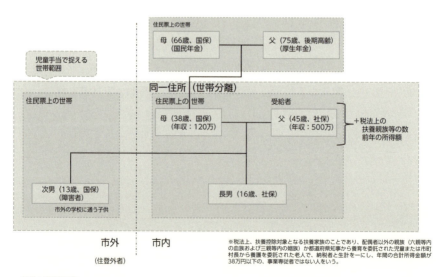

出典：著者作成

第3章　各制度における「世帯」概念の沿革と範囲

当である。

　1940年代、第二次世界大戦の敗戦により発生した多くの死別母子家庭対策は大きな社会問題となった。当初、母子家庭は、1946年に制定された生活保護法により、一般生活困窮者と同様に保護されることとなったが、戦後の疲弊した経済情勢の下で、子どもの養育と就労に問題を抱えた母子家庭の生活の困難さは、一般家庭と比べてさらに厳しいものがあった。また、母親の精神的不安が児童に悪影響を与えるなど、経済援助だけでは解決できない問題も多く、無差別平等原則による生活保護法のみで母子福祉の徹底を期すことは難しい状況であった。そこで政府は、1949年に「母子福祉対策要綱」を策定し、母子家庭に対する公的扶助の徹底、居住環境の整備を図るとともに、母に養育される児童への福祉等の措置を講じた。さらに、1952年には「母子福祉資金の貸付等に関する法律」が制定され、母子家庭に対する低利の福祉資金の貸付けや母子相談員の設置等が定められた。その後、1959年の国民年金制度の創設により、死別母子家庭を対象に、拠出制の母子年金、準母子年金等の制度が設けられた。また、制度創設時にすでに母子家庭になっていた等の理由からこれを受けられない死別母子家庭に対しては、無拠出制の母子福祉年金が支給されることとなった。しかし、母子家庭の抱える多くの経済的社会的困難は、生別、死別を問わず同じであることから、死別母子世帯と同様に経済的、社会的な困難を抱えている生別母子世帯等に対する金銭的給付を行う制度として、1961年に児童扶養手当制度が創設された。

　児童扶養手当の支給対象は、父母が離婚した場合、父または母が死亡した場合、父または母が一定程度の障害の状態にある場合、父または母が生死不明である場合、その他これに準じるものとして、父または母に遺棄されている児童、父または母が1年以上拘禁されている児童、母が未婚のまま懐胎した児童、孤児等のいずれかに該当する児童（父母以外の者に養育されている場合も含む）のうち養育者の所得が一定水準以下の者によって養育されている者で、18歳に到達して最初の3月31日（年度末）までの間にある者である。従来は満18歳到達までとされていたが、この年代の児童の多くが高校に進学していることから、年度途中で差を設けるのは不公平であるという議論が起こり、1994年に現在のように改正された。また、児童が特別児童扶養手当を受給できる程度

109

の障害にある場合、20歳に到達するまで児童扶養手当の対象となる。この場合は児童扶養手当と特別児童扶養手当を両方受給できる。なお、児童扶養手当は子ども手当との併給も可能である。

ただし、日本国内に住所がない場合、父や母の死亡に伴う年金・労災などを受給できるとき、父または母の年金の加算対象になっているとき、里親に委託されているとき、請求者は母だが、父と生計を同じくしている等、請求者ではないが父または母と生計を同じくしているとき（父または母が障害の場合を除く）の場合には、児童扶養手当は支給されない。なお、児童扶養手当で言う結婚には、法律上の届を出さずに、実態として婚姻同様の生活を行っている場合（いわゆる事実婚）を含む。

また、児童扶養手当を受ける者は、児童を監護する、児童の母または父である。ただし、母または父がないか、もしくは母または父が監護しない場合は、当該児童を養育する（児童と同居し生計を維持する）者が手当を受けることができる。なお、児童扶養手当を引き続き受給できるかどうか確認するため、毎年8月に現況届用紙を送付し、8月中に提出する必要がある。

② 「世帯」の捉え方と範囲

児童扶養手当における世帯は、所得制限限度額を判定するために取り扱われる。児童扶養手当の所得制限限度額は、受給資格者および扶養義務者の前年所得（1月～6月までの間に請求する場合は前々年所得）にて判定し、限度額以上ある場合は、その年度（8月～翌年7月まで）は手当の全額または一部が支給停止になる。また、扶養義務者と同居している場合、本人の所得が限度額内であっても扶養義務者の所得が、限度額を超えていると手当が支給されない。なお、扶養義務者とは、受給資格者と同居している直系親族（父母・祖父母・子・孫）と兄弟姉妹のことで、住民票上世帯分離をしていても、児童扶養手当では同居となる。そのため、養義務者と同居しているが、生計は別にしている場合は、別途証明する書類が必要となる。

また、前述の通り、児童も別の市区町村に居住していてもよいことから、例えば、児童手当と同様に、住民票上の別世帯である市外の学校に通う児童も、児童手当の同一世帯として取り扱うことになる。

従って、住民票上の世帯に対して、児童扶養手当制度の世帯は、住民票上の

第3章 各制度における「世帯」概念の沿革と範囲

別世帯である市外の学校に通う児童を世帯範囲の対象者や、受給者および扶養義務者等の扶養人数と前年の所得額の税法上の扶養親族等の数も取り扱われていることになる（図表3－12）。

図表3-12 児童扶養手当制度における「世帯」の範囲

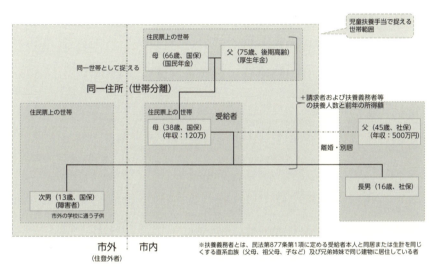

出典：著者作成

第6節　各制度の「世帯」の捉え方と範囲の小括

　これまで地方自治体の各制度における「世帯」概念の捉え方と範囲を整理してきたが、それらを各制度における「世帯」の定義と範囲の決定主体の側面からまとめると、次の通りとなるが、各制度によって「世帯」の捉え方が微妙に異なっている（**図表3－13**）。

図表3－13　各制度における「世帯」の定義と決定主体

制度の類型		世帯の定義		世帯の決定主体
住民基本台帳制度		居住および生計を共にする者の集まり、または単独で居住し、生計を維持する者（出典：総務省「住民基本台帳事務処理要領」）	申請者	申請者からの届出（自由意志）に基づく。（ただし、届出の審査を要綱で規定している地方自治体もある）
地方税制度		生計を一にする親族（必ずしも同居を要件としない）⇒扶養控除（出典：財務省「国税通則法基本通達」46条関連）	行政	一定の判断基準に基づき、認定される。（ただし、申請者の扶養認定の申請がある場合に限る）
医療保険制度	国民健康保険	「受診者と同じ医療保険に加入する者」をもって、「生計を一にする世帯」（出典：厚生労働省「自立支援医療費の支給認定に係る実施要綱」）	申請者	申請者からの届出（自由意志）に基づく。（ただし、他の健康保険で扶養認定されていないことが条件）
	介護保険			
	後期高齢者医療			
生活保護制度		主に生計の同一性に着目して、現に家計を共同して消費活動を営んでいる世帯（出典：厚生労働省「生活保護法による保護の実施要領について」）	行政	一定の判定基準に基づき、認定される。（行政の主体的な認定が行われる）

112

第3章　各制度における「世帯」概念の沿革と範囲

| 手当制度 | 児童手当 | 支給対象者および手当を受けようとする者と、その民法上の扶養義務者※（扶養親族および扶養対象配偶者）の数（出典：厚生労働省「児童手当Q&A」） | 行政 | 一定の判定基準に基づき、認定される。（行政の主体的な認定が行われる） |
| | 児童扶養手当 | | | |

出典：著者作成。ただし、世帯の定義は各出典に基づく。
※扶養義務者とは、民法第877条第1項に定める受給者本人と同居または生計を同じくする直系家族（父母、祖父母、子など）および兄弟姉妹で同じ建物に居住している者

　また、**図表3−13**に基づき、「世帯」概念の捉え方としての範囲を整理すると、次の通りとなる（**図表3−14**）。
　従って、各制度においては、住民基本台帳制度による「世帯」を基本としつつも、扶養義務という概念が適応されるなど、各制度の「世帯」の捉え方が異

図表3-14　各制度における「世帯」の範囲

市内　　　市外（住登外）

住民基本台帳上世帯分離した「世帯」
世帯全体で最低生活維持が可能な場合には分離を行うことは認められない

住民基本台帳制度による「世帯」
　医療保険制度による「世帯」
　世帯主及び同一世帯の被保険者（世帯員）（他の被保険者を除く）

後期高齢者医療制度（75歳以上）───住所地特例（都道府県外入院）
介護保険（65歳以上）───住所地特例（施設入所）
国民健康保険───住所地特例（遠隔地・学生・市外入院）

生活保護制度による「世帯」　出稼ぎ就労中の者、寄宿舎にいる生徒、施設入居者、入院中の患者なども含まれる

地方税制度による扶養控除の対象「世帯」
【扶養親族】
(1) 配偶者以外の親族（6親等内の血族及び3親等内の姻族）であること。
(2) 納税者と生計を一にしていること。
(3) 年間の合計所得金額が38万円以下であること。
(4) 青色申告者又は白色申告者の事業専従者でないこと。

手当制度による世帯（例：児童手当、児童扶養手当）───市外市民（市外施設の児童）
手当を受けようとする者と、その民法上の扶養義務者

出典：著者作成

113

なることから、その範囲も異なることとなる。

　このため、地方自治体における住民の「世帯」単位での個人データを取り扱う場合、微妙に範囲が異なる状態で利用していることを考慮する必要があると言えるだろう。

注

15　住民基本台帳制度の沿革については、東京都市町村戸籍住民基本台帳事務協議会（編さん）［2008a］、［2008b］等を参考とした。

16　地方税制度の沿革については、自治省税務局編［1997］や日景［2002］等を参考とした。

17　医療保険制度の沿革については、西村［2014］、中央法規出版編［2014］、河野正輝、阿部和光、増田雅暢、倉田聡編［2010］等を参考とした。

18　例えば、中津川市では、「国民健康保険における世帯主の取扱いに関する要領（2012年4月1日決裁）」が定められ、第2条において、擬制世帯主の同意を得た者、現在の収入状況が確認でき、納付能力のある者、保険料を完納または納付誓約を確実に履行している者、学生でない者、世帯主としての義務を履行できる者を条件に掲げている。

19　生活保護制度の沿革については、中央法規出版編［2013a］と［2013b］等を参考とした。

20　この生活保護の世帯認定に対しては、1962年の「社会保障制度に関する勧告」で夫婦と未成熟子を世帯の単位とする世帯概念の再定義を求めていることに着目し、牧園［1999］は「現代日本における核家族化の進展、家族の個人化などの家族変動を考慮し、生活保護制度は基本的に個人を単位とし、勧告の求める「夫婦と未成熟子」に限り世帯を査定の単位とするべきである。」と述べている。

21　手当制度の沿革については、西村［2014］、中央法規出版編［2014］、河野正輝、阿部和光、増田雅暢、倉田聡編［2010］等を参考とした。

第4章

地方自治体における「世帯」単位の個人データの利用実態と実例

第1節　地方自治体の「世帯」単位の個人データの利用実態
第2節　地方自治体の「世帯」単位の個人データの利用実例
第3節　実態と実例に基づく課題

第4章　地方自治体における「世帯」単位の個人データの利用実態と実例

　前章では、地方自治体が住民の個人データを「世帯」単位で取り扱う場合、利用目的ごとに範囲の微妙な差があることを明らかとした。本章では、地方自治体のアンケート調査、およびヒアリング調査にて、その具体的な利用実態に関して考察する。

第1節　地方自治体の「世帯」単位の個人データの利用実態

（1）実態調査の概要

　地方自治体における住民の「世帯」単位の個人データの利用実態を把握するため、全国の地方自治体を対象にした郵送アンケート調査を実施した（**図表4 −1**）。

　なお、今回の調査に当たっては、より具体的な業務上の実態を把握するため

図表4−1　全国の地方自治体を対象にした郵送アンケート調査の概要

項目	概要
目的	・　地方自治体の申請者本人および「世帯」に関する個人データの取り扱いの実態把握 ・　地方自治体の行政サービスで利用する個人データの保護対策に対する考え方の把握 ・　住民の個人データに対する番号管理の実態とマイナンバー制度に対する考え方の把握
実施手法	・　郵送アンケート調査
実施条件	・　住民の個人データを取り扱っている地方自治体の業務の中から、特に医療費助成（代表的な業務として「ひとり親家庭等医療費助成」）を想定
調査対象	・　全国の地方自治体（1,742の政令市、特別区、市町村）の児童福祉部門（医療費助成担当） ・　回収は800団体（回収率：45.9％）
実施期間	・　2012年1月11日〜2012年1月27日
主な調査項目	①　申請者本人に関する個人データの取り扱いについて ②　世帯（家族）構成員に関する個人データの取り扱いについて ③　住民の個人データの保護対策について ④　住民の個人データの取り扱いにおける番号について

117

に、住民の個人データを取り扱っている地方自治体の業務の中から、特に医療費助成（その中でも、代表的な業務として「ひとり親家庭等医療費助成」）を想定してアンケートの回答を得るようにした[22]。なお、医療費助成を選定したのは、地方自治体の事務として取り扱い件数が増加傾向にあり、かつ医療関係や所得要件等のセンシティブな個人データを取り扱っているためである。また、今回の郵送アンケート調査では、「世帯」単位での個人データの取り扱いを取り上げるため、代表的な業務としては家庭の事情を把握する必要のある「ひとり親家庭」に関する「ひとり親家庭等医療費助成」に絞りこむこととした。

　また、**図表1-3**で示した地方自治体が保有する具体的な住民の個人データの種別に基づき整理した住民の個人データの利用範囲の大別分類（①基本的事項、②家庭生活、③社会生活、④経済活動、⑤心身関係、⑥就学関係、⑦趣味・嗜好）に準拠した形で、申請者本人と世帯の個人データの取り扱い範囲が把握できるように設計を行った。

（２）申請者本人と世帯の個人データの取り扱い範囲

　普段、地方自治体が、行政サービス（「医療費助成（その中でも、代表的な業務として「ひとり親家庭等医療費助成」）の申請手続き）の実施に当たって、申請者本人および世帯（家族）の個人データの取り扱いに関して尋ねた結果は、次の通りである（**図表4-2**）。

　申請者本人および世帯（家族）の個人データの取り扱いでは、住所、氏名、生年月日・年齢等の「基本事項」で申請者本人が100％、世帯が99.0％、世帯主、家族構成、家族の名前等の世帯構成に関する「家庭生活」で98.5％、世帯が95.1％、収入状況（年収）や課税・納税状況（課税額）等の所得に関する「経済活動」で申請者本人が99.4％、世帯が93.9％と、９割以上を占めていた。このため、以降の分析は、上記の３つの事項に絞って考察する。

（３）申請者本人と世帯の個人データの確認方法と取得同意の有無

　図表4-2で回答した申請者本人および世帯（家族）の個人データの確認方法に関して尋ねた結果は、次の通りである（**図表4-3**）。

第4章　地方自治体における「世帯」単位の個人データの利用実態と実例

図表4−2　申請者本人及び世帯（家族）の個人データの取り扱い範囲（複数回答）

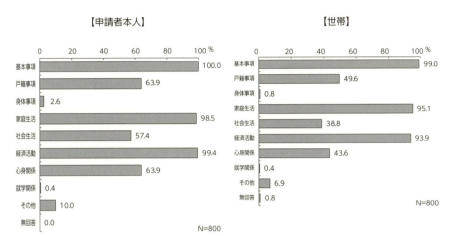

　申請者本人および世帯（家族）の個人データの確認方法では、「基本事項」において、申請者本人の場合は申請者本人が94.1%、次いで庁内（他部門）が48.1%である。一方、世帯の場合は申請者本人が91.5%、次いで庁内（他部門）が49.1%となっている。また、「家庭生活」において、申請者本人の場合は申請者本人が89.7%、次いで庁内（他部門）が52.7%である。一方、世帯の場合は申請者本人が88.3%、次いで庁内（他部門）が51.2%となっている。

　それに対して、所得に関する「経済活動」では、申請者本人の場合は申請者本人が86.5%に対して、庁内（他部門）が78.4%と割合が高くなっている。この傾向は、世帯の場合でも申請者本人が80.0%に対して、次いで庁内（他部門）が76.3%となっており、庁内において収入状況（年収）や課税・納税状況（課税額）等の所得に関する「経済活動」の個人データを利用している様子が伺える。

　さらに、**図表4−3**で回答した申請者本人および世帯（家族）の個人データの確認にあたって、事前同意の有無に関して尋ねた結果は、次の通りである（**図表4−4**）。申請者本人および世帯（家族）の個人データの事前同意の有無に関しては、「基本事項」において、申請者本人の場合は本人の事前同意の申請書

119

図表4-3 申請者本人および世帯（家族）の個人データの確認方法（複数回答）

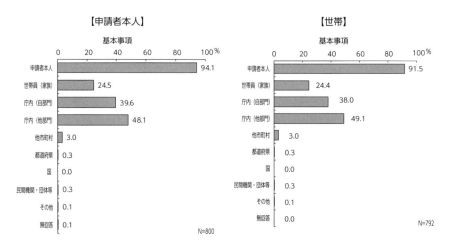

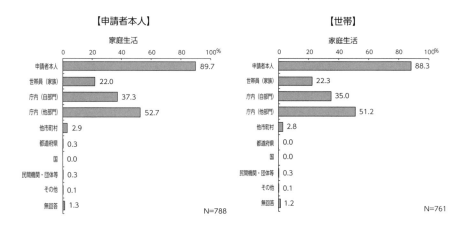

第4章　地方自治体における「世帯」単位の個人データの利用実態と実例

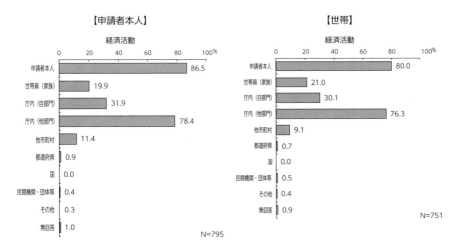

　の提出が77.1%、次いで口頭による確認が19.1%である。一方で、世帯の場合は本人・家族の事前同意の申請書の提出が41.9%、次いで本人の事前同意の申請書の提出が40.2%となっている。なお、「家庭生活」においても、申請者本人の場合は本人の事前同意の申請書の提出が72.5%、次いで口頭による確認が23.5%であり、世帯の場合は本人・家族の事前同意の申請書の提出が39.3%、次で本人の事前同意の申請書の提出が38.6%となっている。さらに、所得に関する「経済活動」では、申請者本人の場合は本人の事前同意の申請書の提出が84.4%、次いで口頭による確認が21.0%であり、世帯の場合は本人・家族の事前同意の申請書の提出が46.1%、次いで本人の事前同意の申請書の提出が43.5%となっている。

　このことは、すでに世帯員の個人データが必要な場合に、当該世帯員に対して同意を求める地方自治体と、申請者本人のみの同意で世帯員の同意を得たと解釈する地方自治体が存在するなど、本人同意の仕組みの運用実態が異なっていることを指摘したが、今回のアンケート調査の結果からも、地方自治体の世帯情報の取り扱いに関して、家族まで同意を取る形と申請者本人のみの形に対応が大きく分かれている実態が明らかとなった。

　また、「特段の手続きなし」と回答した地方自治体が、申請者本人の場合は9.1%、世帯の場合は10.9%と1割程度を占めており、住民の個人データの取

121

図表4-4　申請者本人と世帯（家族）の個人データの取得同意の有無（複数回答）

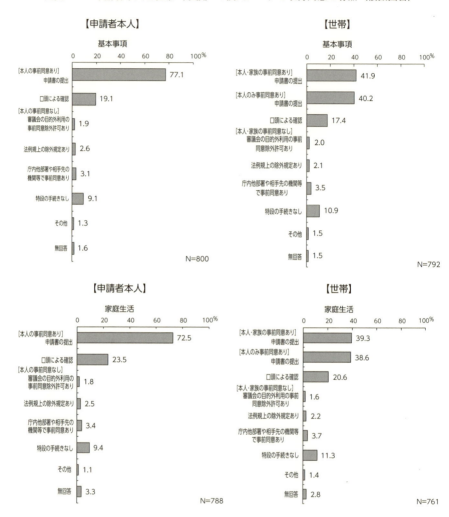

第4章　地方自治体における「世帯」単位の個人データの利用実態と実例

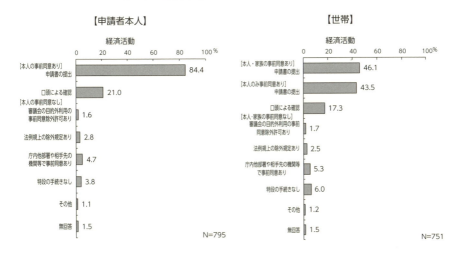

得に当たっての事前同意について、特段の手続きを行っていない地方自治体が存在していることも明らかとなった。

(4) 申請者本人と世帯の個人データの管理方法と共有範囲

　図表4-2で回答した申請者本人および世帯（家族）の個人データの管理方法に関して尋ねた結果は、次の通りである（**図表4-5**）。

　申請者本人および世帯（家族）の個人データの管理方法では、「基本事項」において、申請者本人の場合では、地方自治体で管理できていれば、特に本人が管理する仕組みがなくてもよいとの回答が66.1％と半数以上を占めていた。次いで申請者本人が事前同意を求めるなど、取得前の仕組みが15.6％に対して、申請者本人が取り扱いの停止を求めるなど、取得後の仕組みが2.4％と1割にも満たない結果であった。一方、世帯の場合も同様で、地方自治体で管理できていれば、特に本人および家族が管理する仕組みがなくてもよいとの回答が64.6％と半数以上を占めていた。

　また、「家庭生活」においても、申請者本人の場合で、地方自治体で管理できていれば、特に本人が管理する仕組みがなくてもよいとの回答が63.1％で、世帯の場合でも62.9％であった。さらに、所得に関する「経済活動」においても、申請者本人の場合で、地方自治体で管理できていれば、特に本人が管理す

図表4−5 申請者本人と世帯（家族）の個人データの管理方法

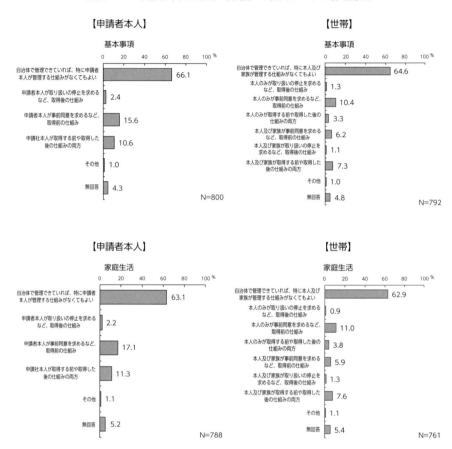

第4章　地方自治体における「世帯」単位の個人データの利用実態と実例

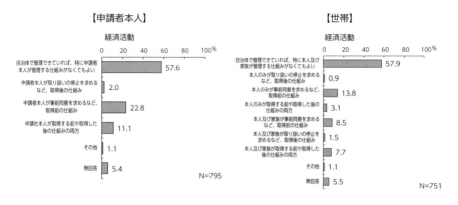

る仕組みがなくてもよいとの回答が57.6％で、世帯の場合でも57.9％であった。

　つまり、半数以上の地方自治体において、申請者本人や家族に何らかの管理に対して事前・事後とも関与する仕組みよりも、現状においては地方自治体の責任において管理できていれば、特に問題ないとの判断をしている様子が伺える。

　さらに、**図表4－2**で回答した申請者本人および世帯（家族）の個人データに対して、共有して取り扱う範囲について尋ねたところ、次の通りである（**図表4－6**）。

　申請者本人および世帯（家族）の個人データの共有範囲では、「基本事項」において、申請者本人の場合では、該当する地方自治体の特定部署のみで共有するとの回答が64.6％と半数以上を占め、次いで該当する地方自治体のみで共有するとの回答が20.6％であった。一方、世帯の場合も同様で、該当する地方自治体の特定部署のみで共有するとの回答が64.1％と半数以上を占め、次いで該当する地方自治体のみで共有するとの回答が21.5％であった。

　また、「家庭生活」においても、申請者本人の場合で、該当する地方自治体の特定部署のみで共有するとの回答が67.8％と半数以上を占め、次いで該当する地方自治体のみで共有するとの回答が19.9％であり、世帯の場合でも該当する地方自治体の特定部署のみで共有するとの回答が67.7％と半数以上を占め、次いで該当する地方自治体のみで共有するとの回答が21.0％であった。

図表4-6　申請者本人と世帯（家族）の個人データの共有範囲

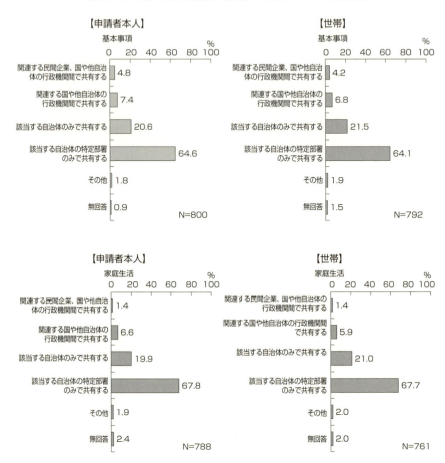

第4章　地方自治体における「世帯」単位の個人データの利用実態と実例

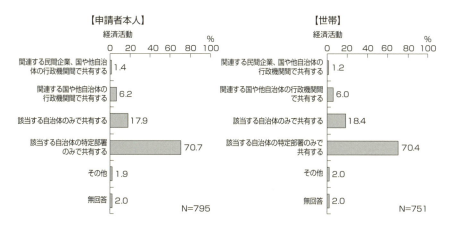

　さらに、所得に関する「経済活動」においても、申請者本人の場合で、該当する地方自治体の特定部署のみで共有するとの回答が70.7%と半数以上を占め、次いで該当する地方自治体のみで共有するとの回答が17.9%であり、世帯の場合でも該当する地方自治体の特定部署のみで共有するとの回答が70.4%と半数以上を占め、次いで該当する地方自治体のみで共有するとの回答が18.4%であった。
　つまり、半数以上の地方自治体において、現状においては住民の個人データは該当する地方自治体の特定部署のみで共有する形が良く、共有範囲を限定して利用するとの意見が半数を占めていた。

(5) 地方自治体の個人データの取り扱いに対する対応策
　これまで考察してきた結果から、地方自治体の世帯情報の取り扱いに関して、家族まで同意を取る形と申請者本人のみの形に対応が大きく分かれている実態や、半数以上の地方自治体において、申請者本人や家族に何らかの管理に対して事前・事後とも関与する仕組みよりも、地方自治体の責任において管理しきれていれば問題ないとの判断をしている様子が伺えた。さらには、現状において住民の個人データは、該当する地方自治体の特定部署のみで共有すべきであるとの意見が半数を占められていた。
　このため、地方自治体の責任を果たす意味でも、住民の個人データの保護対

127

策についての意向を把握することが不可欠となる。そこで、今回のアンケート調査では、住民の個人データを取り扱う際の保護対策についても尋ねており、その結果が次の通りである（図表4-7）。

この結果から、地方自治体において個人データの保護対策が「すでに十分に実施済みである」との回答で多かったのが、「個人情報の取り扱う範囲を限定し、民間には取り扱わせないための仕組み」が47.3％、「本人の個人データが取り扱っていることに対する本人同意の徹底」が47.1％、「個人データの取り

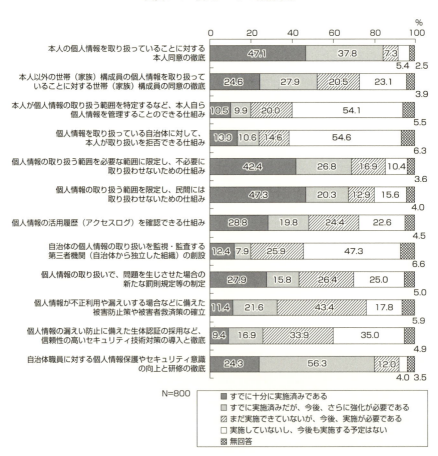

図表4-7　個人データの保護方策

第4章　地方自治体における「世帯」単位の個人データの利用実態と実例

扱う範囲を必要な範囲に限定し、不必要に取り扱わせないための仕組み」が
42.4％であった。このことは、まず、**図表4−6**の「申請者本人と世帯（家族）
の個人データの共有範囲」で明らかとなった結果と同様に、限定的な範囲での
個人データの利用が行われているとの認識であることが伺える。一方で、**図表
4−5**の「申請者本人と世帯（家族）の個人データの管理方法」で明らかとなっ
た半数以上の地方自治体において、申請者本人や家族に何らかの管理に対して
事前・事後とも関与する仕組みよりも、地方自治体の責任において管理しきれ
ていれば問題ないとの判断をしている様子とは異なるものの、申請者本人に対
する事前同意が十分に行われているとの様子だといえよう。ただし、本人同意
の必要性は、住民からは求められていることを理解すべきである。

　また、「すでに実施済みだが、今後、さらに強化が必要である」との回答で
多かったのが、「自治体職員に対する個人情報保護やセキュリティ意識の向上
と研修の徹底」で、56.3％であり、今後も職員意識の徹底が求められてくる。

　さらに、「まだ実施できていないが、今後、実施が必要である」との回答で
多かったのが、「個人情報が不正利用や漏えいする場合などに備えた被害防止
策や被害者救済策の確立」で43.4％、「個人情報の漏えい防止に備えた生体認
証の採用等、信頼性の高いセキュリティ技術対策の導入と徹底」で33.9％、
「個人情報の取り扱いで、問題を生じさせた場合の新たな罰則規定等の制定」
で26.4％、「個人情報の活用履歴（アクセスログ）を確認できる仕組み」で
24.4％であった。このことから、地方自治体の意向として、個人データに対す
る「被害防止策や被害者救済策」の確立が期待されるところである。

　一方で、「実施していないし、今後も実施する予定はない」との回答で多
かったのが、「個人情報を取り扱っている地方自治体に対して、本人が取り扱
いを拒否できる仕組み」で54.6％、「本人が個人情報の取り扱う範囲を特定す
るなど、本人自ら個人情報を管理することのできる仕組み」で54.1％との回答
であった。**図表4−5**の「申請者本人と世帯（家族）の個人データの管理方法」
で明らかとなった半数以上の地方自治体において、申請者本人や家族に何らか
の管理に対して事前・事後とも関与する仕組みよりも、地方自治体の責任にお
いて管理できていれば問題ないとの判断をしている様子と重なるところであ
る。

（6）地方自治体の「世帯」単位での個人データの取り扱いに対するまとめ

　今回の地方自治体に対する郵送アンケート調査の結果から、地方自治体の世帯情報の取り扱いに関して、家族まで同意を取る形と申請者本人のみの形に対応が大きく分かれている実態が明らかとなった。

　このことから、改めて地方自治体における世帯情報の取り扱いがバラバラであるという実態をふまえる必要がある。また、申請者本人および世帯（家族）の個人データの事前同意の有無に関しては、「特段の手続きなし」と回答した地方自治体が、申請者本人の場合は9.4％、世帯の場合は10.9％と1割程度を占めていた。つまり、住民の個人データの取得に当たっての事前同意について、特段の手続きを行っていない地方自治体が存在していることも明らかとなった。

　このことは、特段の手続きを行っていない地方自治体において、事前同意に関する何らかの手続きのルール化を行う必要があるだろう。その上で、地方自治体が住民に対して個人データがどのように取り扱われているかを説明（証明）し、住民の不信感の払拭を図ることで、住民が安心して地方自治体に対して個人データを委ねることができるようにすることが求められる。

　また、今回の地方自治体に対する郵送アンケート調査の結果によると、申請者本人および世帯（家族）の個人データの管理方法では、「基本事項」において、申請者本人の場合では、地方自治体で管理できていれば、特に本人が管理する仕組みがなくてもよいとの回答が66.1％と半数以上を占め、世帯の場合も同様で、地方自治体で管理できていれば、特に本人および家族が管理する仕組みがなくてもよいとの回答が64.6％と半数以上を占めていた。つまり、半数以上の地方自治体において、申請者本人や家族に何らかの管理に対して事前・事後とも関与する仕組みよりも、現状では地方自治体の責任において管理していれば問題ないとの判断をしている様子が明らかとなった。このことは、地方自治体の側では、現状では、住民自らが事前・事後とも関与する仕組みには否定的であることが明らかとなった。

　さらに、申請者本人および世帯（家族）の個人データの共有範囲では、「基本事項」において、申請者本人の場合では、該当する地方自治体の特定部署のみで共有するとの回答が64.6％と半数以上を占め、世帯の場合も同様で、該当

第4章　地方自治体における「世帯」単位の個人データの利用実態と実例

する地方自治体の特定部署のみで共有するとの回答が64.1％と半数以上を占めていた。

このことから、地方自治体では「世帯」単位での個人データの取り扱いに対しては、地方自治体が十分に管理できていれば、必ずしも本人および家族が自ら管理する仕組みがなくてもよいと捉えられている。

第2節　地方自治体の「世帯」単位の個人データの利用実例

（1）「世帯」単位での個人データの取り扱いの題材

第3章では、日本の各制度における「世帯」の捉え方と範囲について整理してきたが、本節では、具体的な制度に基づく「世帯」単位での個人データの取り扱いについて、国民健康保険制度を取り上げて、個人や世帯の特定の仕方について考察し、さらにA市（人口12万人程度）とB市（人口6万程度）の2つの地方自治体の実例について検討する[23]。

具体例として、国民健康保険制度では、対象者個人の特定方法として、被保険者証記号番号を用いている。その他、他部門にわたる問い合わせ等により、宛名番号と世帯コードにより、住民基本台帳システム等を検索することもある。なお、住民基本台帳（住基）システムで管理している宛名番号と、国民健康保険システムの独自番号とは紐付けされている。なお、住民基本台帳システムで管理している世帯コードは、地方自治体独自で付番しているものであり、国が指定している住民票コードとは別のものである。

国民健康保険システム等に新規・変更登録後、被保険者証記号番号が変更となる場合もあるため、個人の特定は基本4情報を使用しているケースが多い。そのため、世帯員の確認も、基本4情報で行っている。なお、基本4情報で個人特定を行う場合には、生年月日が重視される。

国民健康保険者資格に関する各種申請・届出処理は、国民健康保険法、およびその政省令で定める形で行われる。国民健康保険の実施主体は、市町村（特別区含む）および国民健康保険組合である（国民健康保険法第3条）。

また、地方自治体間の異動に伴って、国民健康保険の資格を取得した際は、世帯主である申請者は届書を市町村に提出する必要がある（国民健康法施行規

131

則第 2 条第 1 項）。被保険者が、地方自治体の圏域を跨って住所を異動した場合は、従前の地方自治体で資格喪失となり、異動先の地方自治体の国民健康保険の資格を取得することとなる。したがって、被保険者の属する世帯の世帯主は、資格喪失および資格取得について、必要な事項を市町村に届け出なければならない（国民健康保険法第 9 条第 6 項）。ただし、住民基本台帳法に基づく住民票の変更（転入・転出・世帯変更等）の届出があった場合には、その届出と同様の事由による届出があったものとみなされる（国民健康保険法第 9 条第14項）。

　国民健康保険者資格の取得時における保険料（税）の賦課額の算定は、賦課額、料率、納期、減額賦課等に関する事項は、政令で定める基準に従って条例で定めることとされている（国民健康保険法第81条）。また、世帯主および世帯に属する国民健康保険の被保険者につき算定された基礎賦課額、後期高齢者支援金等賦課額および当該世帯主および当該世帯に属する国民健康保険の被保険者のうち介護保険法第 9 条第 2 号に規定する被保険者につき算定した介護納付金賦課額の合算額とされており、被保険者および世帯主の所得額、固定資産額等をもとに算出することになっている（国民健康保険法施行令第29条の 7 ）。

　地方自治体間の異動に伴う資格取得の際の添付書類としては、例えば旧被扶養者（75歳以上の被用者保険の被保険者が後期高齢者医療の被保険者になったことに伴い、被用者保険の被扶養者から国民健康保険の被保険者となった65歳以上の者）が当該世帯に属している場合は、転出元市町村で交付された旧被扶養者異動連絡票を提示することで、減免を受けることができることとなっている。また、19歳未満の控除対象扶養親族があるときはその人数と当該控除対象扶養親族の所得証明書を確認する必要がある。

　以上、国民健康保険制度の手続きを見てきたが、次に具体的な地方自治体の実例に基づき、手続きの仕方を検討する。

（2）A市における実例

　A市（人口12万人程度）では、庁内において住民基本台帳システムのデータベースに対して、住民基本台帳で捕捉しきれない住民登録地が異なる住民である住登外者を含めて、住登情報と住登外者情報を統一的に宛名システムで管理

している。この宛名システムは、各課から重複登録しないことを前提に任意に登録することができるため、各業務システムにおける住民の個人データは、一旦、宛名システムに登録してから、各業務システムで対象者を抽出したり検索したりするなどの利用を行っている。

また、A市では、転入・転居・転出等の「住民異動届」の記入様式を、1991年2月から複写化しており、住民が記入する作業は1回で済むようにしている。複写の2枚目以降は、年金・国民健康保険・介護保険・後期高齢者医療制度の担当課に回している（図表4-8）。

そうした環境をふまえ、A市における国民健康保険制度の世帯設定を行う資格確認の手続きは、次のような流れで行われる（図表4-9）。 まず、A市では、申請者のカナにて国民健康保険システムを通じて、住基の世帯番号で検索を行い、住基の世帯番号から宛名システムを通じて被保険者番号を検索し、社会保険等の資格情報（後期高齢者医療制度等を含む）を確認する。

次いで、宛名システムの宛名DBにない世帯構成員情報（例：住所地特例による被保険者情報）が出てきた場合は、宛名システムに被保険者情報や資格情

図表4-8　A市の住民異動届

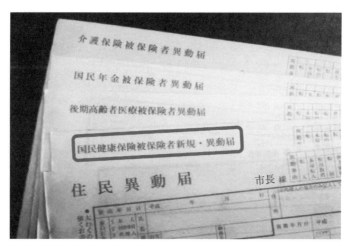

出典：A市ヒアリング資料

図表4-9　A市の国民健康保険の世帯の確定方法

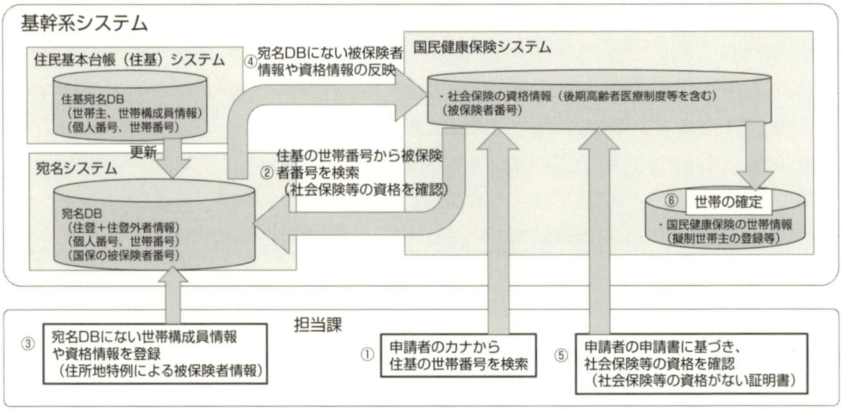

出典：A市ヒアリングより著者作成

報を登録し、国民健康保険システムの社会保険の資格情報（後期高齢者医療制度等を含む）に登録情報を反映させる。

　また、国民健康保険の資格がない住基の世帯構成員に対しては、申請者の申請書（社会保険等の資格がない証明書）に基づき、社会保険等の資格を確認する。

　その結果、国民健康保険システムで国民健康保険の世帯情報（例：擬制世帯主の登録等）を設定し、確定させていた。

（3）B市における実例

　B市（人口6万人程度）では、庁内において住民基本台帳システムのデータベースに対して、住民基本台帳で捕捉しきれない住民登録地が異なる住民である住登外者は、税システムの住登外宛名データベースにて管理している。つまり、住登情報と住登外者情報は別々のシステムで管理しているのである。住民基本台帳（住基）システムの住基情報は、各業務システムに異動状況をデータ反映して格納されている。一方、住登外者情報は、税システムの住登外宛名データベースから出なければ登録できず、他の業務システムからは任意に登録することができない。そのため、税システムの担当課が各課から重複登録しな

いことを前提に管理を行っている。したがって、各業務システムにおける住民の個人データで、住登外者情報を利用する場合は、一旦、税システムの住登外宛名データベースを検索し、見つからなかった場合は新規登録を税システムの担当課に依頼し、登録されてから、各業務システムで対象者を抽出したり検索したりするなどの利用を行っている。

また、B市では、転入・転居・転出等の「住民異動届」の記入様式が「複写式」にはなっていないものの、住民が記入する作業は1回で済むようにデータ連携を行い、様式のコピーを、年金・国民健康保険・介護保険・後期高齢者医療制度の担当課に回している（**図表4-10**）。

そうした環境をふまえ、B市における国民健康保険制度の世帯設定を行う資格確認の手続きは、次のような流れで行われる（**図表4-11**）。

まず、B市では、申請者のカナにて国民健康保険システムを通じて、住基の

図表4-10　B市の住民異動届

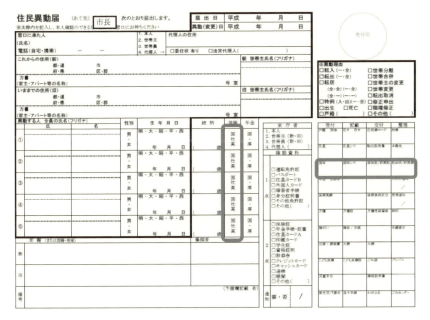

出典：B市ヒアリング資料

図表4-11　B市の国民健康保険の世帯の確定方法

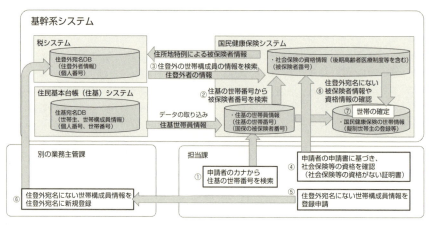

出典：B市ヒアリングより著者作成

世帯番号で検索を行い、住民基本台帳システムから住基宛名データを取り込まれている住基情報の世帯番号から被保険者番号を検索し、社会保険等の資格情報（後期高齢者医療制度等を含む）を確認する。

次いで、国民健康保険システムの住基情報にない世帯構成員情報（例：住所地特例による被保険者情報）が出てきた場合は、税システムの住登外宛名データベースに被保険者情報や資格情報を登録し、国民健康保険システムの社会保険の資格情報（後期高齢者医療制度等を含む）に登録情報を反映させる。

また、国民健康保険の資格がない住基の世帯構成員に対しては、申請者の申請書（社会保険等の資格がない証明書）に基づき、社会保険等の資格を確認する。

その結果、A市同様に、B市でも国民健康保険システムで国民健康保険の世帯情報（例：擬制世帯主の登録等）を設定し、確定させていた。

第3節　実態と実例に基づく課題

本章では、地方自治体の「世帯」単位の個人データの利用実態を考察してき

第4章　地方自治体における「世帯」単位の個人データの利用実態と実例

た。まず、地方自治体に対する郵送アンケート調査の結果からは、地方自治体の世帯情報の取り扱いに関して、家族まで同意を取る形と申請者本人のみの形に対応がバラバラであるという実態が明らかとなった。つまり、地方自治体における世帯情報の取り扱いが異なっているという実態が明らかとなったのである。特に、住民の個人データの取得に当たっての事前同意について、特段の手続きを行っていない地方自治体が存在していた。

また、「世帯」単位での個人データの取り扱いに対しては、地方自治体では、個人データを管理できていれば、必ずしも本人および家族が管理する仕組みがなくてもよいと捉えられていた。

次に、具体的な制度に基づく「世帯」単位での個人データの取り扱いについて、A市とB市の2つの地方自治体の実例について検討を行った。その結果、住民基本台帳システムの住基データベースに対する管理方法も異なっており、住登外情報の管理方法も異なっていた。さらに、業務システムで設定した世帯情報も、業務システム内のデータベースに登録して利用していた。つまり、制度ごとに世帯を設定しているため、業務システムごとに世帯情報を管理していたのである。

このため、地方自治体内で、全体として世帯構成員の情報を捕捉しきれていない実態が明らかとなった。このことは、地方自治体として「世帯」単位における住民の個人データの管理が庁内で現場任せとなっており、仮に個人データの漏えいや取り扱いミスが起きたとしても、統一的に管理できていないため、場当たり的な対応を取らざるを得ない状況であることが明らかとなった。このため、今後、制度ごとに世帯を設定した世帯情報を、地方自治体全体として統一的に管理する仕組みが必要とされるのではないだろうか。

注

22　ひとり親家庭医療費助成制度とは、離婚や死亡等によってひとり親になった家庭の児童およびその児童を養育するひとり親の方に対して、医療費の助成をすることで、ひとり親家庭の方々の保健の向上と福祉の増進を図る制度である。制度自体は自治事務となってい

137

るため、各地方自治体によって助成の中身や要件が異なっており、親と子の医療費の自己
負担額の一部を助成する場合が多いが、中には全額免除の地方自治体もある。また、所得
制限がある場合が多く、児童扶養手当の一部支給と同じく、毎年、現況届が求められるよ
うである。例えば、石川県加賀市の場合、医療費（健康保険適用後の自己負担額であり、
入院時の食事療養費等の個人負担額は除く）の内、1,000円／月を引いた金額が助成の対
象となる（加賀市のサイト「ひとり親家庭医療費助成とは（制度の説明）」(http://www.
city.kaga.ishikawa.jp/article/ar_detail.php?ev_init=1&arm_id=301-0061-6003)。

23　2014年8月28日にA市（人口12万人程度）の国民健康保険制度担当課と情報システム担
当課に対して、2014年8月20日にB市（人口6万人程度）の国民健康保険制度担当課と情
報システム担当課に対して、それぞれヒアリング調査を実施した。

第5章

地方自治体における個人情報の保護対策の実態と課題

第1節　地方自治体の個人情報保護条例の沿革

第2節　地方自治体の個人情報保護条例の運用上の問題

第3節　ケース1：災害時を想定した地方自治体の個人データの外部提供の問題

第4節　ケース2：地方自治体の個人データの利用に対する住民の反応

第5章 地方自治体における個人情報の保護対策の実態と課題

第1節　地方自治体の個人情報保護条例の沿革

　2003年5月に成立し、2005年4月から完全施行された個人情報保護5法のうち、行政機関において最も重要な法律は、個人情報保護法、行政機関の保有する個人情報の保護に関する法律、情報公開・個人情報保護審査会設置法の3つである（図表5−1）。
　このうち、まず、個人情報保護法では、行政機関や民間企業等が個人情報を取り扱うための基本方針を示した上で、国および地方自治体に対して、個人情報を適正に取り扱う施策を策定し、実施する責務を負わせている（個人情報保護法第4条、第5条）。さらに、国や地方自治体において、個人情報保護における問題解決のための苦情処理体制の整備や、相互の協力が必要であることも

図表5−1　現行の個人情報保護に関する法体系のイメージ

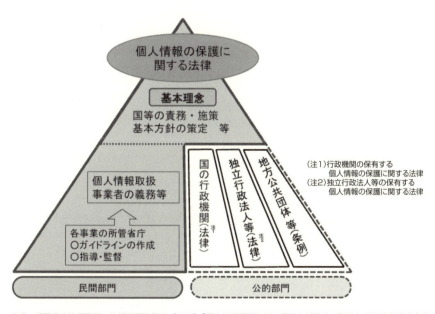

出典：総務省自治行政局、地域情報政策室［2017］「個人情報保護条例の現状と総務省の取組」規制改革推進会議投資等WG資料、平成28年11月21日

明記している（個人情報保護法第 8 条、第13条）。

　地方自治体の個人情報の保護については、1999年に成立した住民基本台帳法
一部改正法の附則第 1 条第 2 項に、「法律の施行に当たって、政府は、個人情
報の保護に万全を期するため、速やかに、所要の措置を講ずるものとする」と
の規定が追加されたことを受け、1999年に個人情報保護システムのあり方につ
いての検討が始まったが、当時、すでに半数程度の地方自治体が個人情報保護
に関する条例を制定するなど、自主的に個人情報保護施策に取り組んでいた。

　そのため、2003年に可決・成立した個人情報保護法では、地方自治体の個人
情報の保護対策について、「区域の特性に応じて、個人情報の適正な取扱いを
確保するために必要な施策を策定し、およびこれを実施する責務を有する（個
人情報保護法第 5 条）」との規定や「その保有する個人情報の性質、当該個人
情報を保有する目的等を勘案し、その保有する個人情報の適正な取扱いが確保
されるよう必要な措置を講ずることに努めなければならない（個人情報保護法
第11条第 1 項）」とする規定などにより、地方自治体の条例により規律するこ
ととされた。

　なお、地方自治体の個人情報保護条例の制定の必要性について、宇賀
［2010］は、「国の機関が保有する個人情報は行政機関個人情報保護法という法
律で規定されていることを考えれば、規則・要綱では足りず、条例の制定が必
要である」としている。さらに、夏井・新保［2007］は、個人情報保護法（第
11条）の規定により「各地方自治体は、その守備範囲の中にある個人情報につ
いて適正な取扱いを実現するための条例を制定すべき義務がある。したがっ
て、合理的な理由なく、相当の期間を経過したのにもかかわらず必要かつ十分
な内容を伴う個人情報保護条例が制定されない場合には、立法不行為の違法の
一種として、当該地方自治体について何らかの法的責務が発生し得るものと考
えられる。」と述べ、地方自治体の個人情報保護条例の制定義務が課されてい
ることを指摘している。

　次に、「行政機関の保有する個人情報の保護に関する法律」は、1988年に制
定された「行政機関の保有する電子計算機処理に係る個人情報の保護に関する
法律」を改正したものである。主な改正の内容は、①対象機関を拡大してすべ

142

第5章　地方自治体における個人情報の保護対策の実態と課題

ての国の行政機関が対象となったこと、②対象となる個人情報の範囲も拡大し、従来の電子計算機処理情報に加え行政文書（紙文書）に記録されている個人情報も含まれることとなったこと、③個人情報の利用目的を明示し、変更も含めて、その目的を明確化させるようになったこと、④本人関与を強化し、従来の開示請求権に加えて訂正請求権や利用停止請求権が加わったこと、⑤国の行政機関の職員に対する罰則規定が設置されたこと、⑤行政機関が外部委託先への個人情報保護の取り扱い監督責任を負うこと等である。さらに、併せて情報公開・個人情報保護審査会設置法が成立したことで、住民が本人関与の権利を行使し、請求した結果、その請求が却下された場合には、その判断の妥当性を「情報公開・個人情報保護審査会」にて審査するという仕組みも整うこととなった。

　一方、1970年代、コンピュータ導入により地方自治体の業務のOA化が進展し、行政機関の個人データ処理能力が向上しその高度利用が可能になった半面、個人情報の目的外使用の危険性、個人情報の正確さを確保する必要性が高まった。こうした社会情勢の変化を背景として、地方自治体では、従来から国に先駆けて個人情報の有用性に配慮しつつ、個人の権利利益を保護するために、収集・利用の制限、および本人関与など、住民の個人情報に関する「個人単位」での「自己コントロール権」を仕組みとして保障する規定が盛り込まれた「個人情報保護条例」の制定が進められるようになった[24]。

　その結果、総務省自治行政局、地域情報政策室［2017a］によると、個人情報保護対策に係る条例の制定率は、都道府県においては2003年度以降、市区町村においては2006年度以降、100％となっている（**図表5-2**）。

　また、総務省自治行政局地域情報政策室［2017a］によると、地方自治体の個人情報保護条例の規定内容について、次のような傾向となっている。

・個人情報保護法等の趣旨にのっとり、マニュアル処理を規制対象にしている、自己情報の開示および外部委託について規定している点などで、個人情報保護条例の規定内容は概ね共通している。

・一方、地方自治体の区域の特性に応じて、個人情報の定義について、他の情報との照合による識別について容易性を要件としているか、死者に関す

143

図表5-2　条例制定の地方自治体数の推移

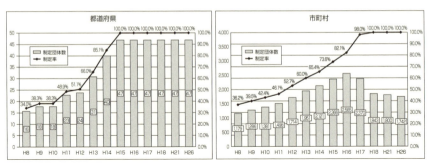

出典：総務省自治行政局地域情報政策室 [2017a]「個人情報保護条例の現状と総務省の取組」規制改革推進会議投資等WG資料、平成28年11月21日

る情報を含むかという点などでは、条例の規定内容に差異もある（**図表5－3、図表5－4**）。

- 区域の特性としては、社会経済的条件、住民意識などに関する特性があり、これらの特性は地方自治体によって異なる場合もあり、こうした区域の特性が、条例の規定内容に反映されている場合もある（**図表5－5、図表5－6、図表5－7**）。

特に、個人情報保護条例における個人情報の定義については、現在、他の情報との照合および死者に関する情報について、地方自治体によって差異が見られる。また、他の情報との照合に関しては、行政機関個人情報保護法と同様に照合の容易性を要件としていない地方公共団体と、個人情報保護法と同様に照合の容易性を要件としている地方自治体も存在していた。さらに、死者に関する情報に関しては、個人情報を生存する個人に関する情報に限る地方自治体と、個人情報に死者に関する情報を含む地方自治体があった。

なお、地方自治体の「個人情報保護条例」の多くは、具体的に「個人単位」での情報の「自己コントロール権」を制度化する「収集・利用の制限、および「開示・訂正・請求権」の具体的権利として、本人関与等を保障すると規定している（鈴木［2010］）。さらに、前文に情報の「自己コントロール権」を規定する地方自治体（例：大阪府、沖縄県）も見られる。

ただし、地方自治体の個人データの保護対策に対する研究では、住民の個人

第 5 章　地方自治体における個人情報の保護対策の実態と課題

図表5-3　条例における他の情報との照合

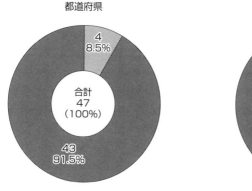
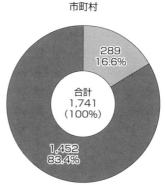

■ 容易に照合できるものを含む…4（※1）　　■ 容易に照合できるものを含む…289（※1）
■ 照合できるものを含む…43（※2）　　　　　■ 照合できるものを含む…1,452（※2）

※1　他の情報と容易に照合することができ、それにより特定の個人を識別することができることとなる情報を保護の対象に含む。
※2　他の情報と照合（容易ではない照合を含む。）することができ、それにより特定の個人を識別することができることとなる情報を保護の対象に含む。
出典：総務省自治行政局地域情報政策室［2017b］『地方自治情報管理概要』平成29年 3 月

図表5-4　条例における死者に関する情報の取り扱い

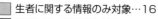
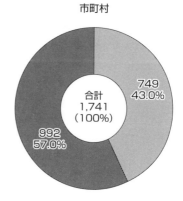

■ 生者に関する情報のみ対象…16　　　　■ 生者に関する情報のみ対象…749
■ 死者に関する情報も対象…31　　　　　■ 死者に関する情報も対象…992

出典：総務省自治行政局地域情報政策室［2017b］『地方自治情報管理概要』平成29年 3 月

145

図表5-5 条例における情報の種類による規制

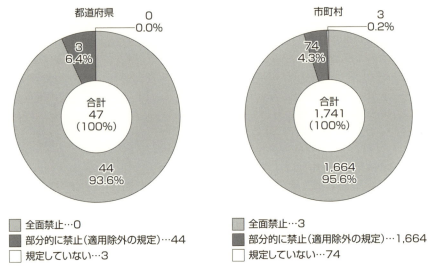

- 全面禁止…0
- 部分的に禁止(適用除外の規定)…44
- 規定していない…3

- 全面禁止…3
- 部分的に禁止(適用除外の規定)…1,664
- 規定していない…74

※情報自体の性格から、個人の人格的利益に関わるおそれのある、いわゆるセンシティブな個人情報の収集または記録を規制する規定
出典：総務省自治行政局地域情報政策室［2017b］『地方自治情報管理概要』平成29年3月

図表5-6 条例における目的外利用等（複数回答）

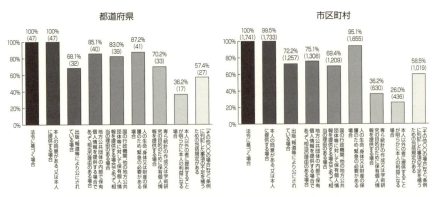

※個人情報の保護に関する条例等において、地方自治体の内部において情報の利用（収集）目的以外の目的のために個人情報を利用することができる場合および地方公共団体の外部に提供することができる場合
出典：総務省自治行政局地域情報政策室［2017b］『地方自治情報管理概要』平成29年3月

第5章　地方自治体における個人情報の保護対策の実態と課題

図表5-7　条例における自己情報の開示・訂正等

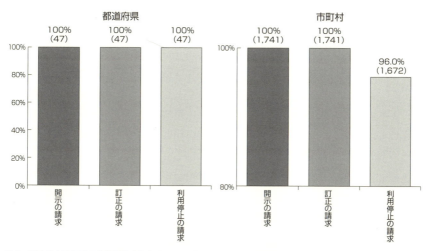

出典：総務省自治行政局地域情報政策室［2017b］『地方自治情報管理概要』平成29年3月

データを如何に保護するか、また住民の本人関与が保障されるかの規範的要請を求め、住民と行政との関係の中に法学的解釈を加えた研究に終始している。

その後、平成25年の災害対策基本法改正により、平常時には、本人の同意を得て、関係者に避難行動要支援者名簿を提供し、災害発生時には、本人の同意を得ることなく、関係者に避難行動要支援者名簿を提供することが可能とされた。

また、番号法（第31条）の規定により、地方自治体では、番号法との整合を図るために、その保有する特定個人情報の取り扱いに関する開示、訂正、利用の停止、消去および提供の停止を実施するために必要な措置について条例改正等の必要な措置を講ずることが求められた。

さらに、情報化の飛躍的な進展によるビッグデータの収集・分析により、新産業・新サービスの創出や諸課題の解決に対する貢献への期待とともに、悪用に対する消費者の懸念や社会的批判を懸念した事業者による利活用の躊躇が生じていることから、2015年9月に個人情報保護法等改正法が公布され（2017年

5月30日施行）、2016年5月に行政機関個人情報保護法等改正法が公布（2017年5月30日施行）された。これらの法改正をふまえ、2017年5月19日に総務省から「個人情報保護条例の見直し等について」（地域力創造審議官通知）とした地方自治法（第245条の4第1項）に基づく技術的な助言が通知されている。具体的には、今回の個人情報保護法および行政機関個人情報保護法の改正等をふまえ、特に行政機関個人情報保護法を参考としつつ、個人情報の定義の明確化、要配慮個人情報の取り扱い、非識別加工情報を提供するための仕組みの整備等の事項について、地域の実情に応じた適切な個人情報保護対策を実施するための個人情報保護条例の見直しが求められることとなった[25]。

このように、昨今、国の個人情報保護法の改正が繰り返されており、その都度、その乖離に対する地方自治体の個人情報保護条例の改正対応が求められている。そのため、地方自治体における条例改正の負担が増えることで、対応しきれずに放置する地方自治体も生じてくるものと考えられる。この結果、地方自治体の個人情報保護の対応の差異が広がっていく可能性がある。

ただし、依然として地方自治体の個人情報保護対策の捉え方が異なることから、「世帯」単位での個人データの取り扱いにも差が生じている。さらに、個人情報保護条例の基本単位は、「個人」単位であり「世帯」単位ではないが、地方自治体の窓口における本人確認の場面では、地方自治体の職員は、同一世帯の構成員であれば、申請者本人としてみなしている。このことが、「世帯」単位による個人データの利用に対する本人同意の考え方にも差を生じさせている。

第2節　地方自治体の個人情報保護条例の運用上の問題

地方自治体の個人情報保護条例における「開示、訂正、利用停止請求権」が制度的に担保されているものの、「個人データの利用目的の明確化」として、住民に対して「世帯」単位での個人データの利用範囲がわかりやすく情報提供されているわけではない。つまり、行政が、どのように「世帯」単位で個人データを利用しているかの実態を、住民自身が認識できていない。そのため、行政と住民との間における行政活動に関する情報の偏在（いわゆる「情報の非

第5章　地方自治体における個人情報の保護対策の実態と課題

対称性」）を解消し、行政の透明性を確保することで、行政の説明責任を果たす必要がある。

地方自治体の個人情報保護条例も、行政サービスにおける「世帯」単位での個人データの取り扱いに対しては十分な規定を設けていないものがほとんどである[26]。そのため、世帯員の個人データが必要な場合に、当該世帯員に対して同意を求める地方自治体と、申請者本人のみの同意で世帯員の同意を得たと解釈する地方自治体が存在するなど、本人同意の仕組みの運用実態が異なっている。

例えば、「（介護給付費　訓練等給付費　特定障害者特別給付費　療養介護医療費）支給申請書兼利用者負担額減額・免除等申請書」において、埼玉県富士見市では「世帯主の同意のみ」を求めるが、熊本県熊本市では「世帯全員の同意」を求めている（**図表5－8**）。

すでに、これまで地方自治体では、「世帯」単位での個人データの利用に関して、一般的に民法上、「親族間の相互扶助・協力関係（民法第730条）」が義務付けられており、一定の法律行為については、口頭または暗黙の承諾が本人

図表5－8　（介護給付費　訓練等給付費　特定障害者特別給付費　療養介護医療費）　支給申請書兼利用者負担額減額・免除等申請書の事例

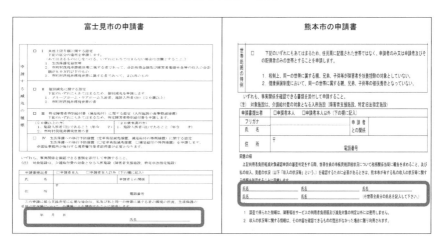

出典：富士見市の申請書　　　　　　　　　　　　出典：熊本市の申請書

149

から与えられているものと考えられる（推定される）ことから、本人に代わって申請が可能であり、推定的承諾が得られるものと法的に解釈されてきたケースが多い[27]。また、多くの地方自治体では、所得情報・福祉関係情報の目的外利用について、個人情報保護条例で規定された「個人情報保護審査会」において「資格要件審査に申請者本人の家族の情報を必要とする場合の当該家族の保有個人データを含んだ個人データに対して、目的外利用の本人への通知を省略すること」を可能とする旨の諮問を得た上で利用している[28]。

　しかし、近年、宮城県仙台市の職員が、夫からDV（家庭内暴力）の被害に遭い別居中の女性の住所を誤って夫に伝えてしまう事件や、姫路市や所沢市でも夫によるDV（家庭内暴力）被害を訴えていた女性の住民票を地方自治体職員のミスで夫に交付したため、姫路市や所沢市が被害者に対して慰謝料を支払ったケースも生じるなど、「世帯」単位による個人データの取り扱いがトラブルに発展する事案も浮上してきていることは、前述した通りである。こうしたトラブルや事件は後を絶たず起きており、つまり、安易な「世帯」単位による住民の個人データの取り扱いにより、さまざまなトラブルに発展する事件が多発している。

　また、地方自治体において「世帯」単位の個人データの取り扱いが統一されていないという実態は、住民の個人データが意図されない使われ方をされてしまうのではないかとの住民の不安や懸念につながりかねないこともふまえる必要がある。

　地方自治体が保有する住民の個人データについては、地方自治体の地方自治を尊重している（憲法第29条　地方自治の本旨）結果、実際に各地方自治体で制定されている個人情報保護条例では、個人データの定義、保護する個人データの範囲、個人データの開示や利用停止の手続き等について、相当程度の規定の相違が生じている。

　ただし、この地方自治の本旨に対して、個人データの保護までを尊重の射程に入れるかどうかについては、研究者の間でも議論の分かれるところである。例えば、鈴木［2012］は、全国の都道府県および市区町村の数を合計すると1800弱となることから、これを「1800問題」と名付けて国内に越境データの弊害が無駄に発生するとの問題提起を行っている[29]。つまり、プライバシー権に

第5章　地方自治体における個人情報の保護対策の実態と課題

属する情報（人権）を保障する憲法第13条（幸福追求権）を放置しているのではないかとの指摘である。

　本書では、基本的に住民に身近な行政はできるだけ住民に近い地方が行うことができるように、行政の仕組みを変更する「地方分権」の考え方に基づき、地方自治の本旨を重視する観点から、個人データの取り扱いに対して、ある程度の差が生じることは許容されてもよいと考えている。例えば、国内において、2〜3cmの積雪で都市機能の麻痺を心配する東京に対して、冬季は数十cmの積雪が当然で、除雪を含めて都市機能を維持させる寒冷地仕様の札幌では、風土などの社会環境が異なることから、地域差が生まれることも必然と考えられるからである。

　また、アメリカでは「わいせつ情報等の規制に対する基準」として、その時代と当該地域の基準に従うという時と場所の態様が判例として認められている。例えば、関西では、戸籍の本籍等に対して部落差別問題として敏感に機微性を生じさせるが、札幌では、アイヌ民族以外、明治期の屯田兵で開拓民としてやってきた本土民がほとんどのため戸籍の本籍などに対してあまり機微性を生じさせないのが実態である。つまり、地域差は人口密集度合いや風土により機微性の感度（プライバシーに対する感覚）が異なるため、ある程度の差が生じるのは必然として許容されてもよいだろう。

　ただし、国内の地方自治体間の個人データのやり取りで生じる越境データの弊害については、国による一定のルール（基準）を定めるなどの対応が求められる。つまり、一定のルール（基準）の運用上の差は、ある程度、地方自治の本旨として認めつつも、基本原則となる一定のルール（基準）は、国として各地方自治体に対して、法的に「必要な措置を講ずるよう努めなければならない」とする努力義務を負わせることで、地方自治体において「世帯」単位の個人データの取り扱い（利用）の統一化を図る必要があるのではないだろうか[30]。

　この点においては、長谷川［2017］が、地方自治の本旨およびこれまでの地方分権改革の議論をふまえた手法として、個人情報の定義等の規定について、法律で枠組みを設け、「標準」を定めることで地方自治体の個人情報保護制度の調整を図る必要性を指摘する点に通じるものがあるものと思われる[31]。

151

ただし、地方自治体の個人情報保護条例の成立は、前述の通り地方自治体における取り組みが国の施策よりも先行し、かつ内容も先進的であったことなどをふまえると相当程度の地方自治体の自主性を尊重することが必要となる。従って、個人情報保護法に基づき地方自治体に対して条例制定義務を課していることを前提に、個人情報保護法の範囲内で各地方自治体が独自に定めることが可能な余地を残す必要がある。その前提に立脚し、どの程度、個人情報保護法の範囲内で規定しておく必要があるかを議論する必要があるだろう。

　なお、個人情報保護条例の問題は、情報公開条例の問題に影響することとなる。そもそも地方自治体は、個人情報保護条例を単独で運用しているケースは少なく、多くは個人情報保護条例と情報公開条例を関連させて運用している。そのため、どの程度、個人情報保護法の範囲内で規定しておく必要があるかを議論するに当たっては、各地方自治体の情報公開制度の運用にも相当程度の影響を与えることに十分配慮する必要がある[32]。

　なお、本書では、諸外国の個人データの保護対策として、欧米等の諸外国とは異なり、日本と同様の「世帯」単位で個人データの利用が行われている韓国を取り上げて考察を行った（詳細は、補章を参照のこと）。その結果、韓国では社会保障の給付行政サービスに対して、世帯構成員全員の同意を求めていた。また、住民登録票謄・抄本等の交付（発行）に対しては、本人に対する通知制度を導入し、本人以外に交付（発行）した履歴を本人に提供する仕組みが導入されていた。

第3節　ケース1：災害時を想定した地方自治体の個人データの外部提供の問題

（1）災害時における行政の個人データの取り扱いの現状と課題
　2011年3月11日に起きた東日本大震災（以降「大震災」と称す）は、いくつかの地方自治体で庁舎そのものまでが大津波に襲われ、地方自治体の窓口機能が全て押し流されて崩壊するといった深刻な事態が生じた。その結果、庁舎の建物だけでなく、宮城県の南三陸町と女川町、岩手県の陸前高田市と大槌町の

152

第5章　地方自治体における個人情報の保護対策の実態と課題

4市町では、戸籍の正本が津波で消失する等、地方自治体の窓口サービスは大きな打撃を受けることとなった。なお、4市町では戸籍の正本が失われたが、副本等は管轄法務局に保存されていた。

　そのため、今回の大震災は、地方自治体の窓口サービスが機能停止するなど、「可用性」を維持することができなくなり、また戸籍の正本が津波で消失するなど、住民の個人データが紛失し、利用できなくなってしまったため、地方自治体の窓口サービスが実施できなくなってしまったのである。

　一方、支援団体に対して安否確認に必要な住民の個人データ（氏名、住所など）の提供を拒否する地方自治体が出てくる一方で、民間ではGoogleの「Person Finder（消息情報）」などのクラウドを利用した安否情報提供に関する支援サイトが立ち上がり、家族や親族などの安否情報を求める住民への対応が図られたのである。さらにTwitterを使って収集した情報の提供、避難所の名簿情報の提供など、個人データの機密性に関して、地方自治体などの行政機関と民間とで、スタンスの違いが散見された。このことは、セキュリティ面および危機管理の観点から、災害時に地方自治体などの行政が保有する住民の個人データを、どのように取り扱うことが望ましいのかについて、平常時から行政側で想定しておく必要があるということを物語っている。

　そこで、本書では、今回の大震災の教訓をふまえ、セキュリティ面および危機管理の観点から、地方自治体などの行政が保有する住民の個人データの取り扱いのあり方について考察することとする。特に、災害時において、地方自治体による個人データの利用を、どの程度まで住民が許容するのか、また許容した場合の条件などは、どのようなものがあるのかについて、具体的に検討することとしたい。そのため、災害時において、地方自治体が住民の個人データをどの程度まで利用してよいと住民自身が認識しているのか、そしてその場合の不安、さらには、そうした不安は、どういった要因で生みだされているかを探るため、インターネットを利用している住民を対象に、WEBによるネットアンケート調査を実施し、そのアンケート調査の結果等をふまえた実証的な研究知見に基づき、住民の合意形成が得られる地方自治体の個人データの取り扱いについて考察する。

153

（２）災害時に行政が保有する個人データの外部提供の対応

　今回の大震災における行政が保有する個人データの外部提供の対応について考察する。まず、今回の大震災後、被災した地方自治体に対して、障害者団体が障害者手帳などを持つ住民の個人データの開示を求めたが、読売新聞（[2012/3/20]、[2011/6/4]）が行った調査によると、津波を受けた沿岸や福島第一原発からの避難をした地域で開示の要望を受けた８市町村のうち、応じたのは南相馬市のみで、多くの地方自治体では、個人情報保護を理由に開示を拒んだとされる（**図表5－9**）。その求めに応じた南相馬市では、安否確認のための職員不足から、「日本障害フォーラム」（東京）の要請を受け、身体障害者手帳か療育手帳（知的障害者）を持つ約1000人分のリストを渡し、訪問調査を依頼したとされる。

　ただし、毎日新聞によると、今回の大震災で津波に襲われた宮城県沿岸部の視覚障害者のほとんどが、満足な支援を受けられない状況になっている可能性が高いことが、社会福祉法人「日本盲人福祉委員会」の現地調査で分かったという（毎日新聞［2011/4/20]）。毎日新聞では、宮城県では個人情報保護の観点から、支援団体に氏名や住所などを提供せず、多くの視覚障害者が震災で失ったつえや音声パソコンなどの補助機器を補充できないまま、避難生活を強

図表5－9　個人データの開示を求められた地方自治体の対応

地方自治体名	開示の可否	判断した理由
岩手県	○	安否確認や支援は、県としても取り組むべきだ
宮古市	×	生死にかかわるような状況ではなかった
宮城県	×	個人情報保護を優先する
仙台市	×	本人の意思確認ができていないため
名取市	×	市身体障害者福祉協会を紹介し協力してもらった
山元町	×	高齢者を含めて安否確認すべきなので
福島県	×	開示は市町村の判断に任せる
相馬市	×	個人データの扱いは慎重にしたい
南相馬市	○	原発からの避難計画を作るため、状況把握が必要
川俣町	×	町内の避難は限定的、安否確認はできている
飯館村	×	障害者は把握しており、協力を請う状況ではない

出典：読売新聞［2011/6/4]

第5章　地方自治体における個人情報の保護対策の実態と課題

いられているとみられると伝え、宮城県障害福祉課の見解として「障害者手帳
を持つ人すべてに支援が必要とは限らず、必要なら要請があるはず。個人デー
タに当たるリストは提供できない」とのコメントを掲載している（読売新聞
[2012/3/20]、[2011/6/4]）。しかし、こうした結果、本来優先すべき災害弱者
（災害時要援護者）の支援が後手に回る結果となってしまったとの批判を浴び
ることとなった。

　なお、災害弱者（災害時要援護者）と言っても、一概ではなく、個人が置か
れている状況をふまえ、支援が必要か、必要とすればどのような配慮が必要か
を判断した上で、特に障害の有無など取り扱いに配慮が必要なセンシティブ情
報（機微情報）を含めた住民の個人データを取り扱うことが求められる。その
ため、山崎[2009]は、災害時要援護者の個人データに対して、どこに要援護
者がいるのか（要援護者存在情報）と、どのような要援護者本人の避難支援体
制が必要か（要援護者支援情報）に分けて整理することを提示している（**図表
5−10**）。

　その上で、山崎・立木・林・田村・原田[2006]は、要援護者存在情報は、
要援護者の避難支援は生命・身体に関わる事項であり、かつ自然災害時には生
命・身体に重篤な危害が及ぼされる可能性が高いため、本人同意を得ないで共
有することが許される場合があるが、要援護者支援情報は、本人の同意を得な
ければ収集・共有することはできないと指摘している。ただし、たとえ本人同
意を得なくても「①なぜ自分の個人データが収集されるのか、②なぜ勝手に自

図表5−10　災害時要援護者の個人データの区分

個人データの区分	個人データの内容	利用目的
要援護者存在情報	・要援護者の氏名、住所、性別、生年月日、連絡先、要援護者であることを示す情報（一人暮らし、要介護、障害の有無）	安否確認
要援護者支援情報	・要援護者の避難場所、避難経路、避難後の医療・福祉的配慮の必要性 ・避難支援者の氏名、住所、支援可能な時間帯など	避難支援

出典：山崎[2009]

155

分の個人データが利用・提供されるのか、③自分の個人データが地域に漏れて悪用されてしまわないか」といった住民の不安や懸念を解消しなければならないことも指摘している。

　また、総務省［2012］が今回の大震災の発災時から2011年4月末頃までにおける被災者の方々の情報行動やICTの利用状況に対して行ったインタビュー調査によると、「今般の震災時における個人データの取り扱いについて、住民側では特に問題を感じなかったとの回答が86.7％に達するのに対して、地方自治体側では45.5％が、個人データの収集・開示などの具体的な運用で苦労したとの回答」との結果を明らかにしている。

　その一方で、民間ではGoogleの「Person Finder（消息情報）」などのクラウドを利用した安否情報提供に関する支援サイトを立ち上げ、家族や親族などの安否情報を求める住民に対して情報提供が行われた。Googleは海外事業者であるため、日本でサービスを提供しているにもかかわらず、個人情報保護法その他の日本の国内法の適用を受けないとしていることから、迅速な情報提供が可能になったという面がある。そのため、多数の行方不明者の安否確認を周囲に知らせる意味では、特に障害者などの災害弱者（災害時要援護者）である住民の個人データの「機密性」の確保が、どこまで求められるかが課題といえ、その対応策を検討することが必要となる。

（3）行政に求められる個人データの外部提供に対する対応策

　今回の大震災に限らず、安否確認等を行う際、災害時に援護が必要となる弱者である災害弱者（災害時要援護者）に関する住民の個人データの利用については、これまでもさまざまな検討が行われている。

　例えば、2004年に発生した一連の風水害では、犠牲者の半数以上が高齢者であったことから、内閣府では高齢者等の災害時要援護者の避難支援などについて検討を進め、「災害時要援護者の避難支援ガイドライン」（2005年3月）を取りまとめている。その後、ガイドラインの改訂版を2006年3月に公表しているが、そのガイドラインでは、「要援護者の避難支援は自助・地域（近隣）の共助を基本とし、市町村は、要援護者への避難支援対策と対応した避難準備（要援護者避難）情報（以下、「避難準備情報」という。）を発令するとともに、要

第5章　地方自治体における個人情報の保護対策の実態と課題

援護者および避難支援者までの迅速・確実な伝達体制の整備が不可欠である。また、要援護者に関する情報（住居、情報伝達体制、必要な支援内容など）を平常時から収集し、電子データ、ファイル等で管理・共有するとともに、一人ひとりの要援護者に対して複数の避難支援者を定めるなど、具体的な避難支援計画（以下「避難支援プラン」と称する。）を策定しておくことが必要である」としている。また、「個人データの適切な共有について（2007年8月：内閣府・総務省）」、「要援護者に係る情報の把握・共有および安否確認などの円滑な実施について（2007年8月：厚生労働省）」などの政府通達や、各地方自治体の個人情報保護条例に基づく審議会で議論された災害時要援護者登録制度における個人データの収集、目的外利用および外部提供の答申などが示されている。特に、2007年4月19日に内閣府が公表した「災害時要援護者対策の進め方について（報告書）」では、個人データを含む要援護者情報の収集・共有に相当のスペースが割かれており、具体的な取り組み事例も多く紹介されている。

　しかしながら、現実的には、多くの地方自治体の現場で、前述の通り、住民の個人データの「機密性」を理由に部外者への提供を拒否するケースが生じることとなった。つまり、今回の大震災において、被災した障害者の孤立が懸念される中、安否確認のために住民の個人データの開示を求めた障害者団体への対応が、地方自治体によって大きく異なっているのである。

　地方自治体の個人情報保護条例の多くは、その例外規定の「取得に際する利用目的の明示が不要な場合」や「利用目的以外の利用・提供ができる場合」として、「生命、身体、財産の保護のための緊急を要する場合」が掲げられている。ただし、災害時要援護者に関する個人データには、いわゆる「公知の情報」と併せて、特に災害時要援護者に関する個人データに、いわゆる「非公知の情報」や「機微な情報」も含まれていることから、各地方自治体の判断として、その取り扱いが慎重とならざるを得ないのが実態である。

　その理由として、まず、一般的に地方自治体では、その職員に対して「個人情報保護条例」に基づく罰則（正当な理由なく個人の秘密に属する事項が記録された公文書を提供する等の行為に対して）と、地方公務員法に基づく罰則（秘密を守る義務に対して）が課されている。さらに、税務に関する個人データの保護については、地方公務員の中でも地方税の賦課徴収に従事する税務職

157

員に対して、地方公務員法以上の罰則（秘密漏えいに関する罪）が加重されており、住民から提供された税務に関する個人データを外部に漏らしてはならない義務を負うとされている（「租税情報開示禁止の原則」）。そのため、例えば、法律に基づく適法な開示請求の場合、秘密関係を解除することができるが、その他の場合は極めて限定的である（**図表5−11**）。

　これに対して、情報提供を行わなかったことから、結果的に災害時要援護者に対する支援が手薄になり、疾病の悪化や最悪の場合は死亡というような状況に至ったとしても、情報提供を行わなかったことと疾病悪化・死亡との因果関係が直接的に立証されない限り、情報提供を行わないという不作為に対する行政の責任が法的に追及される恐れは小さいのが現状である。

　そのため、守秘義務とそれに伴う刑罰が科せられている地方自治体の職員にとって、職員以外に対する外部提供に慎重になるのは、「法律による行政の原理」に基づく「法律の留保」の観点からすれば、ある意味で必然の結果と言える。このため、「災害救助という公事（被災者本人の生命・安全・財産を確保するという法益）」に対して、「プライバシーという公事（プライバシーを確保

図表5−11　地方自治体の職員に対する個人データの守秘義務に基づく機密保持の要請

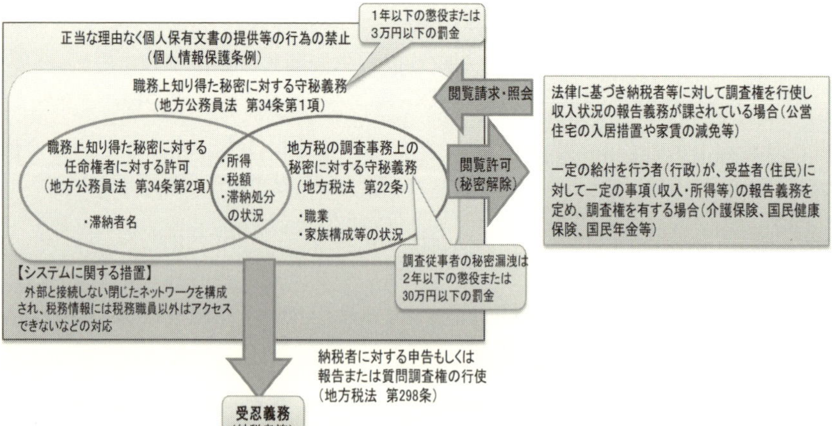

出典：地方税事務研究会編著［2008］から、著者が追記作成

158

第5章　地方自治体における個人情報の保護対策の実態と課題

するという法益)」という二律背反の相反関係のバランスを、「法律の留保」の観点から、どのように保つべきかが、大きな課題と言える。その際、「災害救助という公事」を、どのように「社会的受忍義務」として位置付けることが可能となるのかという、そのバランスを判断するための基準と方法（手続き）が、極めて重要となる。つまり、災害時における住民の個人データの取り扱いについて、迅速な対応の実施と行政業務の円滑化の観点から、より具体的な運用面のルールや基準作りなどが求められる。

　なお、地方自治体からの個人データの外部提供に関しては、個人情報保護条例の外部提供制限の例外として、個々の地方自治体が、災害等の緊急時の外部提供規定の適用判断を行うこととなる。つまり、その判断が各地方自治体の判断に委ねられるため、結果として、その対応がバラバラに陥ることとなる。この点について、湯淺［2007］は、地方自治体間の規定の相違という観点から、すでに「大きな規定の相違は見当たらないものの、その規定の解釈などの差異が生じる可能性」と指摘されている。また、2007年に情報セキュリティ大学院大学と富士通総研が行った地方自治体に対するアンケート調査の結果からも、個人情報保護の条例改正やガイドラインの策定については、「地方自治体の都市規模による差があまりみられなかったが、個人情報保護の具体的な対応策を個別に見てみると、地方自治体の都市規模による差をみることができた」ことを明らかにしている[33]。

　つまり、地方自治体が保有する住民の個人データについては、個々の地方自治体の自治が尊重されているため（憲法第92条　地方自治の本旨）、実際に制定されている各条例では、個人データの定義、保護する個人データの範囲、個人データの開示や利用停止の手続きなどについて、相当程度の規定の相違が生じているのである。このことに対して、鈴木［2012］は、全国の都道府県および市区町村の数を合計すると1800弱となることから、これを「1800問題」と名付けて国内に越境データの弊害が無駄に発生すると問題提起をしている。このことについて、地方自治体が保有する個人データの取り扱いは、地方分権の趣旨から国の立法適用除外となるものと思われるものの、国の法令（この場合は、「行政機関の保有する個人データの保護に関する法律」）において、地方自治体に対して条例などで「必要な措置」を講ずる努力を責務として課す（要請

159

する）ことが求められるものと考えられる[34]。

　また、従来、あらかじめ地方自治体（福祉部局、防災部局など）、および民間の関係者（町内会などで構成された自主防災組織、民生委員など）の間で、障害者・高齢者など、災害時に援護を必要とする災害時要援護者の個人データをリストとして共有することは、各地方自治体の定める「個人情報保護条例」を適切に解釈・運用すれば、可能とされる。ただし、その場合は、提供を受ける民間団体も、地方自治体から提供を受けた住民の個人データを、どのような目的で利用し、安否確認をした後、どのようにその個人データを利用・管理するのか、また地方自治体と共有していくのかに関する説明が求められる。つまり、安否確認のために取得した住民の個人データが、安否確認後はどのように扱われるのか、また、どの範囲までの利用を前提にした住民の個人データの提供を受けるのか、など住民の個人データの提供を受ける側の責任を明確にするとともに、地方自治体に対しても、外部提供する民間団体側に対して、どのような責任を負わせるかどうかを見極めることが求められる。

　例えば、読売新聞［2009/4/23］によると、「災害時要援護者避難支援プラン」を策定した三原市が、災害時に支援が必要な高齢者や障害者らの名簿などを自治町内会や自主防災組織に提供する段階になって、自治会役員などから「個人データの管理には責任を伴う。急に押しつけられても困る」との予想外の戸惑いや反発の声が上がっているという。このため、組織基盤が脆弱な町内会・自治会などに、一律にそうした責務を課すのも無理があるのも事実である。そこで、ある程度の組織基盤がある全国支援団体などとの連携を果たすことも必要であろう。例えば、国内の障害者団体を中心に11団体の連携組織である「日本障害フォーラム（JDF)」［2013］では、政府に対して「障害者のニーズや支援方法、個人データの取り扱いのノウハウを熟知している当事者団体、および障害者相談員や支援事業所を含む関係団体等の参画を得ることは極めて有効」として、災害時の障害者の支援体制の枠組みに障害当事者団体・関係団体を明確に位置づけるように要請している。

　なお、総務省消防庁［2012］が、2012年4月1日現在における各市区町村の取組状況の調査を行った「災害時要援護者の避難支援対策の調査結果」によると、調査団体の64.1％が全体の名簿を整備して更新中とし、名簿の整備途中の

第5章　地方自治体における個人情報の保護対策の実態と課題

団体32.5％を併せると、96.7％が更新中または整備途中であった。その中で、全体の名簿を整備し更新中の団体において、92.8％が平常時または災害時に他団体へ名簿を提供しており、さらに、その全体の名簿を整備し更新中の団体のうち、他団体に名簿を提供と回答した団体の94.9％が民生委員を、83.7％が町内会・自治会等自主防災組織を、63.5％が社会福祉協議会を、59.4％が消防団員を名簿の提供の対象としていた。

　従って、事前に地方自治体側で提供先である「要援護者支援機関」をあらかじめ特定し、その両者間で住民の個人データの提供に関する協定を締結した上で、提供される住民の個人データが適切に取り扱われることを誓約書の形で提出することを求めるなど、セキュリティ面や危機管理の観点から、災害時を想定した簡易で迅速な手続きによる住民の個人データの外部提供を地方自治体の職員の守秘義務の除外規定で定めて、法的に担保する措置を講ずることが必要であろう。このため、各地方自治体の個人情報保護条例において、災害時の個人データの外部提供を促進する根拠規定を施行細則などに定めておくことなどが考えられる。つまり、個人データの取り扱いに対する住民の不安をどのように軽減するかの方策を施した上で、「本人同意の有無」および「利用目的」を明確にした外部提供のあり方を模索すべきである。

　こうした実態に対する課題をふまえ、今回の大震災の被災地であり、前述の通り、読売新聞が2011年6月に行った調査で住民の個人データの開示に応じた実績を持つ岩手県では、2012年6月11日に、総務部法務学事課情報公開担当［2012］が「被災者支援を目的とした個人データの利用および提供について」との文書を公表し、県（知事および教育委員会）による被災者の個人データの利用・提供の取り扱いに関する一定の基準を示している。この基準によると、岩手県内部での利用・提供、社会福祉協議会、法人その他の団体と、提供先の団体を3区分し、特に法人その他の団体に対しては公益性や目的の明確性、提供の合理性や必然性などの7項目の基準を示している。特に責務遵守性として、住民の個人情報保護について必要な処置を講じることができるなどを条件としている。なお、岩手県では、この基準を示す前提条件として、「岩手県個人情報保護審議会答申（知事第69号、教育第70号）」にて、その必要性について審議を経た上で、諮問の内容が妥当であると認められる手続きを行ってい

161

る。

　また、日本弁護士連合会（日弁連）は、2011年6月17日の「災害時要援護者および県外避難者の情報共有に関する意見書」の中で、各地方自治体に対して「東日本大震災において、災害時要援護者の救助や安否確認等、県外避難者への支援や相互連絡等につき、これらに協力する行政機関・地方公共団体、関係機関や民間協力団体等（以下、総称して「関係機関等」という。）との間で、その保有する災害時要援護者および県外避難者情報を共有するため、『個人の同意』を前提とせず情報の外部提供を直ちに行うこと」を提言している。

　さらに政府は、第183回国会（常会）において災害対策基本法改正案を提出し、可決成立することとなった（日経新聞［2012/12/25］）。災害対策基本法等の一部を改正する法律によると、具体的には、市町村に対して災害弱者（災害時要援護者）の名簿作成の義務付けを行い、本人の同意を得た上で、消防など関係機関にあらかじめ提供ができることとし、災害発生時には同意がなくても必要な個人データを提供できることとした。ただし、個人データを知り得た人は秘密保持の義務も併せて求めることとしている。また、横浜市では、2012年9月27日から行政が保有する災害時要援護者の個人データ提供に係る条例整備に伴うパブリックコメント（意見募集）を開始している。つまり、地方自治体の個人情報保護条例の改正または附則の追記ではなく、災害時の特別立法または条例化で、災害目的による住民の個人データの取り扱いを定める動きを始めている。

（4）行政が保有する個人データの外部提供に対する住民の不安や懸念

　一方、前述した読売新聞によると、「災害時要援護者避難支援プラン」を策定した三原市では、2008年10月以降、災害時に支援が必要な高齢者や障害者ら9624人の台帳を作り、個人データを防災目的で提供することに同意を求める書類を送付したものの、個人データの提供に「不同意」が168人、「無回答」が2534人という状況である。不同意の住民は、安易な個人データの利用や提供により、自らの情報が意図しない使われ方をされてしまうのではないかとの懸念を抱いているからであろう。

　また、下野新聞［2012/7/8］によると、災害時に自力避難が難しい高齢者や

障害者などの災害時要援護者に対する支援を行うため、一人ひとりの支援担当者と避難手順などを具体的に明記した「個別計画」の策定が、栃木県内8市町に留まり、その要因として「支援対象者から個人データの共有について同意を得ることが最大の壁になっている」という。また、栃木県保健福祉課によると「市町職員が対象者に同意を求めても『他人に知られたくない』などと断られるケースがある」として、市町の人員体制や地域住民同士の人間関係も影響していると指摘している。

横浜市健康福祉局が横浜住民を対象に行った「健康や介護についてのアンケート（2011年1月）」でも、「行政が保有する介護が必要な高齢者や障害者の個人データ（氏名や住所等）を、自治会・町内会等に対して提供すること」に対する設問で、多くの住民が提供してもよいと回答しているものの、「個人情報を提供しない方が良い」と回答した住民が6％であった（**図表5－12**）。

このように、依然として、災害時を想定した場合でも、セキュリティ面および危機管理の観点からの課題である特に障害者などの災害弱者（災害時要援護

図表5－12　横浜市「行政が保有する介護が必要な高齢者や障害者の個人情報の提供について」

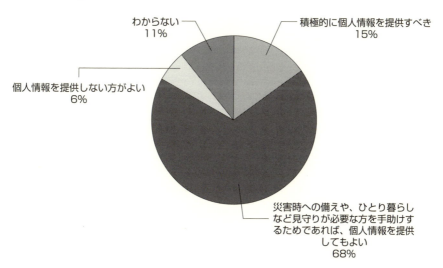

出典：横浜市健康福祉局［2011］

者）である住民の個人データを外部提供することに対して、不安や懸念を抱いている住民がいることも事実であり、「機密性」の確保とのバランスをいかに保つかを検討する必要がある。

（5）ネットアンケート調査の実施概要

前述した問題意識と災害時における大震災における行政の個人データの取り扱いに関する現状と課題をふまえ、災害時における行政の個人データの取り扱いに関する住民意識を把握するため、インターネットを利用している住民を対象に、WEBによるネットアンケート調査を実施した（**図表5－13**）。

図表5－13　ネットアンケートの概要

項目	概要
目的	・ 災害時における個人データの利用と保護方策に対する考え方 ・ 災害時に利用する個人データを保護するために必要な要件（不安や懸念の解消方策） ・ 災害時に利用する本人以外の家族の個人データに関する取り扱いに対する考え方（信頼感や家族意識との違いも含めて）
実施手法	・ インターネットアンケート調査（ネットアンケート調査会社経由で、対象者にメールで回答を依頼し、Webサイト経由で回答を回収）
調査対象	・ 1000人 　 国内に在住するインターネットを利用するユーザ（18歳以上の男女）の中から、10地区（北海道、東北、関東、北陸、甲信越、東海、近畿、中国、四国、九州・沖縄）に均等割り付けにて送付し、回収。
実施期間	・ 2013年 3 月13日～・2013年 3 月15日
信頼性の確保	・ 所要時間が短い回答や、極端に同じ箇所にチェックしてある回答、また特定の規則性がみられる回答などは、有効回答とはみなさず除外。
主な調査項目	① 組織や団体への信頼感 ② 被災経験（本人および家族） ③ 個人データの外部提供 ④ 外部提供されてもよい個人データの範囲（本人および家族） ⑤ 行政の個人データの保護方策に対する考え方 ⑥ 災害時の番号制度の利用 ⑦ 回答者自身の属性

第5章　地方自治体における個人情報の保護対策の実態と課題

　なお、ネットアンケート調査には、調査対象がインターネットユーザに限定されるという偏りがあるものの、今回の大震災の発生時には、インターネットを通じた安否確認などが積極的に行われたことから、そうした関心のあるユーザに対して意識調査を行うことで、課題を浮き彫りにできるものと判断した。また、10地区の均等割りにて送付した理由は、地域差による意見の相違をあらかじめ防ぐためである。なお、クロス集計による分析では、予備的な分析として相関分析（5％有意、両側）を行っている。

（6）組織や団体への信頼性

　行政以外も含めて個人データの取り扱いを行うことが想定される各種の組織や団体に対して、どの程度の信頼（不正などなく誠実であると信用し、頼りにすること）感を持っているかについて尋ねると、次の通りとなった（**図表5－14**）。

　この結果、災害時における住民の個人データの取り扱いについて、個人データを実際に利用して災害救助活動や復旧・復興活動を行うことになるさまざまな組織や団体に対する信頼感は、組織や団体の種類によってかなり異なっていることがわかった。最も高い信頼感を得たのは病院であり、それに消防機関が次いでいる。特に病院は「信頼している」「どちらかといえば信頼している」と回答している合計が全体の7割をこえており、突出した信頼感を得ている。消防は救急部門も持つことから、病院と消防機関への信頼感の高さは、医療・救急を扱う組織に対する信頼感の高さを示すものであると見ることができよう。

　一方、政府（行政機関）、政府に関連する公的機関（独立行政法人や特殊法人など）、地方自治体（行政機関）については、特に政府に関連する公的機関（独立行政法人や特殊法人など）への信頼感が低く、「あまり信頼していない」「信頼していない」と回答している合計が5割をこえている。その原因は今回の調査によっては明らかにすることはできなかったが、一つの要因は、今回の大震災とその後の福島原発の事故の際にも、政府が多くの「情報隠し」を行ったため、かえって国民からの信頼を失ったことが挙げられる。

　今回の大震災を契機として、各種のソーシャルメディアの行政の広報広聴手

165

図表5-14　組織や団体に対する信頼感（各項目に対して単一選択）　　　　（N＝1000）

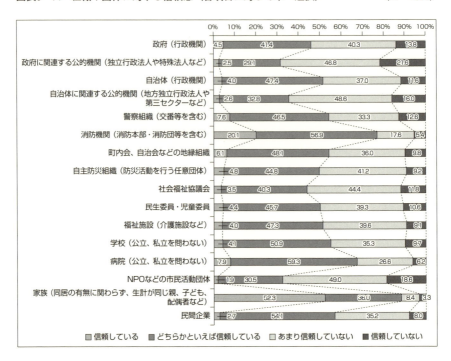

段としての意義が高く評価されるようになり、地方自治体の利用が増えているが、ソーシャルメディアにおける情報に対する人々の信頼度は、誰からの発信かという点に大きく依存すると言われる（藤代［2011］、p.28－30）。特に、住民が情報の信頼性を判断する際に「主に見ているのは、情報の中身ではない。見られているのは『発信者が信頼に値するかどうかである』」という（三上［2011］、p.50－51）。しかし、野村総合研究所が実施した「震災に伴うメディア接触動向に関する調査」によると、発信者の身元が政府・地方自治体であることが明確であったものは、逆に国民に信頼されなかったことが明らかになっており（野村総合研究所［2011］）、今回の大震災に関する情報発信に関しては、政府・地方自治体が発信したというだけで国民は信頼しないという状況になっていたのである（湯淺・林［2011］、P.43）。

　地方自治体に関連する公的機関等に対する信頼感は、「信頼している」「どち

らかといえば信頼している」と回答している合計が5割前後となっている。

　また、民間企業に対する信頼感については、「信頼している」が少ない半面で「どちらかといえば信頼している」が多く、合計で5割強となっている。合計すれば、警察よりも高い信頼感を得ていることになるが、これは今回の大震災を通じてコンビニやスーパーマーケットが大きな役割を果たしたことが評価された結果とも思われる。

　これらに対して、突出して信頼感が低いのはNPOなどの住民活動団体であり、「あまり信頼していない」「信頼していない」と回答している合計が7割弱という結果になっている。阪神・淡路大震災を契機として、災害時におけるNPOなどの住民活動団体やボランティアの役割が重視されるようになってきているが、この結果には、住民の間からは公的機関やその周辺組織・団体ほどには信頼感を得ていないという現実が如実に表れている。

　また、NPOなどの住民活動団体に対する信頼には、本人の災害経験（被災経験・避難経験）の有無はほとんど影響を与えていない（**図表5－15**）。

図表5－15　NPOなどの住民活動団体に対する信頼と本人の被災経験・避難経験の有無とのクロス集計

（N＝1000）

			本人の災害経験		合計
			ある	ない	
NPO 等への信頼	信頼	度数	4	15	19
		%	3.1%	1.7%	1.9%
	どちらかといえば信頼	度数	41	264	305
		%	32.3%	30.2%	30.5%
	どちらかといえば信頼しない	度数	60	430	490
		%	47.2%	49.3%	49.0%
	信頼しない	度数	22	164	186
		%	17.3%	18.8%	18.6%
合　　計		度数	127	873	1000
		%	100.0%	100.0%	100.0%

(7) 災害時に行政が保有する個人データの外部提供の有無

災害時に備えて、行政が保有するあなた（本人）および家族の個人データを外部提供することについて尋ねると、次の通りとなった（**図表5-16**）。

この結果から、災害時に備えて行政が保有する本人、または家族の個人データを外部提供することについては、賛否が約半数ずつとなっており、態度が二分される状況となっていることがわかる。

次に本人の災害経験（被災経験・避難経験）の有無は、災害時に備えて行政が保有する本人、または家族の個人データを外部提供することへの賛否に対して、ほとんど影響を与えていない（**図表5-17、5-18**）。

(8) 災害時に行政が保有する個人データの外部提供と組織や団体への信頼性との関係

NPO等への信頼の度合いは、個人データの外部提供への賛否の態度に対して、大きな影響を与えていることがわかった（**図表5-19**）。

この結果、NPO等を信頼しているという回答者の中では、本人情報の外部

図表5-16　災害時の個人データの外部提供（各項目に対して単一選択）　　　（N=1000）

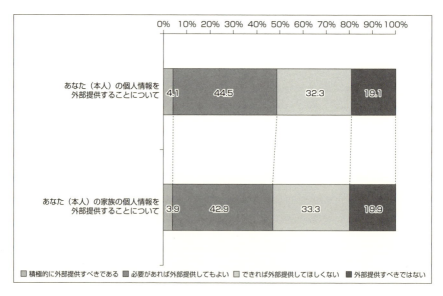

第5章　地方自治体における個人情報の保護対策の実態と課題

図表5－17　災害時に備えて行政が保有する本人の個人データを外部提供することと本人の
被災経験・避難経験の有無とのクロス集計

（N＝1000）

| | | | 本人の災害経験 | | 合計 |
			ある	ない	
本人情報	積極的に外部提供すべきである	度数	6	35	41
		％	4.7%	4.0%	4.1%
	必要があれば外部提供してもよい	度数	56	389	445
		％	44.1%	44.6%	44.5%
	できれば外部提供してほしくない	度数	42	281	323
		％	33.1%	32.2%	32.3%
	外部提供すべきではない	度数	23	168	191
		％	18.1%	19.2%	19.1%
合計		度数	127	873	1000
		％	100.0%	100.0%	100.0%

図表5－18　災害時に備えて行政が保有する家族の個人データを外部提供することと本人の
被災経験・避難経験の有無とのクロス集計

（N＝1000）

| | | | 本人の災害経験 | | 合計 |
			ある	ない	
家族情報	積極的に外部提供すべきである	度数	4	35	39
		％	3.1%	4.0%	3.9%
	必要があれば外部提供してもよい	度数	59	370	429
		％	46.5%	42.4%	42.9%
	できれば外部提供してほしくない	度数	41	292	333
		％	32.3%	33.4%	33.3%
	外部提供すべきではない	度数	23	176	199
		％	18.1%	20.2%	19.9%
合計		度数	度数	873	1000
		％	％	100.0%	100.0%

169

図表5-19　NPOなどの住民活動団体の信頼感と災害時に備えて行政が保有する本人の個人
　　　　　データを外部提供することとのクロス集計

（Ｎ＝1000）

			本人情報				合計
			積極的に外部提供すべきである	必要があれば外部提供してもよい	できれば外部提供してほしくない	外部提供すべきではない	
NPOなどの住民活動団体の信頼	信頼	度数	2	13	2	2	19
		%	11%	68%	11%	11%	100%
	どちらかといえば信頼	度数	15	154	99	37	305
		%	5%	50%	32%	12%	100%
	どちらかといえば信頼しない	度数	16	216	169	89	490
		%	3%	44%	34%	18%	100%
	信頼しない	度数	8	62	53	63	186
		%	4%	33%	28%	34%	100%
合計		度数	41	445	323	191	1000
		%	4%	45%	32%	19%	100%

　提供は、「積極的に外部提供すべきである」「必要があれば外部提供してもよい」の合計が約8割に達している。NPO等をどちらかといえば信頼しているという回答者の中になると、それが5割台にまで落ちる。どちらかといえば信頼しないという回答者の中では5割弱、信頼しないとする回答者の中では4割弱となっている。

　このことから災害時に備えて行政が保有する本人、または家族の個人データを外部提供することへの賛否には、NPO等の民間団体やボランティア組織への住民の不信感が大きく影響を与えているのではないかと推測される。

　また、この点は民間企業に対する信頼の度合いについても同様である。民間企業が信頼できるとする回答者の中では、本人情報の外部提供は、「積極的に外部提供すべきである」「必要があれば外部提供してもよい」の合計が7割強に達しているに対して、信頼しないとする回答者の中では、「積極的に外部提供すべきである」「必要があれば外部提供してもよい」の合計は3割に満たな

170

い（図表5－20）。

　これらのネットアンケートの調査結果から総合すると、NPOやボランティア等の住民団体や民間企業を信頼していない住民は、行政の保有する自らの個人データがこれらに対して外部提供されることに対して否定的であり、行政自らの保有に留めてほしいとの意向を持っていることが明らかとなった。逆にNPOやボランティア等の住民団体や民間企業を信頼している住民は、行政の保有する自らの個人データがこれらに対して外部提供されることに対して、比較的に肯定的であることがわかった。

　これらの結果から、災害時に行政が保有する個人データを外部提供する場合には、相手先に対する住民の信頼感を保つことが最も重要となることがわかった。そのためには、外部提供先に対しても個人データを取り扱う透明性を高め、本人自らが個人データの取り扱われ方を認識するような施策を重点的に行うことが求められている。

図表5－20　民間企業の信頼感と災害時に備えて行政が保有する本人の個人データを外部提供することとのクロス集計

（N＝1000）

			本人情報				合計
			積極的に外部提供すべきである	必要があれば外部提供してもよい	できれば外部提供してほしくない	外部提供すべきではない	
民間企業への信頼	信頼	度数	6	14	3	4	27
		％	22.2%	51.9%	11.1%	14.8%	100.0%
	どちらかといえば信頼	度数	26	280	165	70	541
		％	4.8%	51.8%	30.5%	12.9%	100.0%
	どちらかといえば信頼しない	度数	7	133	132	80	352
		％	2.0%	37.8%	37.5%	22.7%	100.0%
	信頼しない	度数	2	18	23	37	80
		％	2.5%	22.5%	28.8%	46.3%	100.0%
合計		度数	41	445	323	191	1000
		％	4.1%	44.5%	32.3%	19.1%	100.0%

（9）災害時に行政が保有する個人データの外部提供の不安に対する対応策

　今回の大震災の経験をふまえ、どの程度まで住民が地方自治体などの行政が保有する住民の個人データの利用を許容するのか、また許容した場合の条件などを具体的に検討することが目的である。そのため、災害時において、地方自治体が住民の個人データをどの程度まで利用してよいと住民自身が認識しているのか、そして、その場合の不安や、そうした不安を生みだす要因を探るため、インターネットを利用している住民を対象に、WEBによるネットアンケート調査を実施し、そのアンケート調査の結果などによる実証的な研究知見に基づき、住民の合意形成が得られる地方自治体などの行政が保有する住民の個人データの取り扱いのあり方について考察することとした。

　まず、今回の大震災の経験をふまえ、行政として、制度改正が行われつつあり、例えば市町村に対して災害弱者（災害時要援護者）の名簿作成の義務付けを行い、本人の同意を得た上で、消防など関係機関にあらかじめ提供ができることとし、災害発生時には同意がなくても必要な個人データを提供できることなどの災害対策基本法の改正が行われた。さらに地方自治体においても、具体的な災害時を想定した条例化を進める動きも見られており、災害目的の住民の個人データの取り扱いを条例等で定めるようにし始めている。

　ただし、そうした立法化の動きに対しては、あらかじめ、例えば地方自治体側で提供先である要援護者支援機関を特定し、その間で事前に住民の個人データの外部提供に関する協定を締結し、個人データが適切に取り扱われるように誓約書の提出を求めるなど、行政側において必要に応じて簡易で迅速な手続きで第三者への情報提供が可能とした上で、地方自治体の職員の守秘義務の除外規定として法的な担保措置を講ずることが求められることを指摘した。

　一方で、依然として、災害時を想定した場合でも、行政から住民の個人データを外部提供することに対して不安や懸念を抱いている住民がいることも事実であることから、こうした住民感情としての不安や懸念を解消することを目的にネットアンケート調査を実施した。そのアンケート調査の結果をふまえると、住民意識として突出して信頼感が低いのはNPOや住民活動団体であり、「あまり信頼していない」「信頼していない」と回答している合計が7割弱であった。このことは、住民の間には公的機関やその周辺組織・団体ほどには信

第5章　地方自治体における個人情報の保護対策の実態と課題

頼感を得ていないという現実が如実に表れている。また、災害時に備えて行政が保有する本人、または家族の個人データを外部提供することへの賛否には、NPO等の民間団体やボランティア組織への住民の不信感が大きく影響を与えていることが推測される。つまり、NPOやボランティア等の住民団体や民間企業を信頼していない住民は、行政が保有する自らの住民の個人データが、NPO等の民間団体やボランティア組織に対して外部提供されることに対して否定的であり、行政自らの保有に留めてほしいとの意向を持っていることが明らかとなった。

　従って、災害時に行政が保有する住民の個人データを外部提供する場合には、その外部提供する相手先に対する住民の信頼感を保つことが最も重要ということが指摘できる。そのため、災害時に行政が保有する住民の個人データの取り扱いとして、外部提供する場合には、外部提供先に対しても住民の個人データを取り扱う組織や団体としての透明性を高めることが求められる。その透明性による住民からの信頼感の確保が求められる。

　つまり、今後の災害対策のあり方として、行政と民間との協働の取り組みが求められるが、その際に重要なのは住民の個人データを含めた行政と民間との情報共有である。しかしながら、そうした情報共有の手段である住民の個人データの外部提供に対しては、外部提供先に対しても住民の個人データを取り扱う透明性を高め、住民自らが個人データの取り扱われ方を認識するような施策を重点的に行うことが求められる。

　従って、外部提供先に対しても個人データを取り扱う透明性を高める対策を、各地方自治体が実際に、どのように取ることができるのかが課題となる。そのため、今後、今回の住民意識としてのネットアンケートと調査に加えて、災害時における地方自治体などの行政が保有する住民の個人データの取り扱いについて、地方自治体側では、どのような対策を検討しているのか、その実態を把握することが不可欠と言えるだろう。

　一方、地方自治体などの行政が保有する住民の個人データを外部提供される民間団体側にとっても、地方自治体から外部提供を受けた住民の個人データを、どのような目的に利用し、利用した後、どのように、その個人データを利用・管理するのか、また地方自治体と情報共有をしていくのかについて、住民

173

に対する説明責任が問われることになる。このことについては、民間団体側からは住民の個人データの管理責任を伴うことに対して不安を感じる関係者もおり、さらには、住民の個人データを外部提供されることに対して「不同意」する住民がいることも事実である。

このため、行政が保有する住民の個人データを外部提供することについて、情報セキュリティ面の観点をふまえて、住民の不安をどのように軽減し、災害弱者を地域で守る体制を作り上げていくのかが問われていることとなる。

第4節　ケース2：地方自治体の個人データの利用に対する住民の反応

（1）ネットアンケート調査による住民意識の把握

地方自治体を含む行政に対しては、これまで幾度も住民から個人情報保護に対する不安や懸念が表明されてきている。例えば、政府の「住民基本台帳ネットワーク（住基ネット）」の導入時においては、①番号付与に対する嫌悪感、②情報漏えい等のセキュリティリスク、③番号の拡大利用による国家監視への危機感（国民総背番号制への懸念、番号の「世帯」単位への拡大に対する懸念）、④行政における不正利用防止策の不備、⑤個人データを自己コントロールする仕組みが保障できるかどうかといった観点から、さまざまな不安や懸念が指摘された。2011年2月1日現在、住基ネットに関連する訴訟は59件提起されている。このうち判決が確定した58件はすべて住基ネットを合憲と判断しているが、例えば福島県矢祭町では、総務大臣から福島県知事へ是正の要求の指示（2009年8月11日）があり、福島県知事から是正の要求（2009年8月12日）がされたにもかかわらず、依然として住基ネットへの不参加を続けている[35]。また、現在、政府が導入を検討している行政の共通番号制度に対しては、愛知県名古屋市の「共通番号および国民IDカード制度問題検討名古屋市委員会」において、2010年12月3日に「個人情報保護に多大な影響を及ぼす可能性がある」として、反対の意見書を河村名古屋市長に提出している[36]など、依然として行政が個人データを取り扱うことに対する不安や懸念は高いものといわざるを得ない。

第5章　地方自治体における個人情報の保護対策の実態と課題

こうした住民感情としての不安や懸念を解消することを目的としている。ただし、前述の①は感情論であること、②は技術対策の領域であること、④は技術対策と人的対策（モラル）の領域と判断されることから対象から除外し、③と⑤に関する指摘を対象としたネット調査を実施した。

（2）ネットアンケート調査の実施概要

以上のような問題意識と地方自治体における住民の個人データの利用実態をふまえ、行政における個人データの利用に関する住民意識を把握するために、ネットアンケート調査を実施した（**図表5−21**）。

ネットアンケート調査は、調査対象がインターネットユーザという偏りがあるものの、「行政のワンストップサービスを最も利用する機会のあるユーザ」が存在すると想定されるため、調査対象をそうした意思のあるユーザにあえて限定した。

また、調査設計にあたり、これまで整理してきた地方自治体における個人データの利用実態をふまえ、行政による個人データの利用範囲に対する意識や不安などといった住民の認識が把握できるように設計した。さらに、個人データの利用範囲を、第4章第1節でも用いた**図表4−3**で示した地方自治体が保有する具体的な住民の個人データ種別に基づき整理した住民の個人データの利用範囲の大別分類（①基本的事項、②家庭生活、③社会生活、④経済活動、⑤心身関係、⑥就学関係、⑦趣味・嗜好）に準拠した形で大別することで、より具体的な行政における「世帯」単位での情報利用に対する住民の認識が把握できるように試みた。

なお、前述した通り、世帯と家族という用語は、類似語であるものの異なる部分もあるが、ネットアンケート調査では、住民が一般的にイメージしやすい家族という用語で統一して用いることにした。

（3）行政の個人データの利用に対する本人同意の有無

行政サービスにおいて、あなた（本人）の個人データを利用する際に必要な同意の方法については、次の通りである（**図表5−22**）。

「事前・事後の同意や停止を求める仕組みがあっても、活用してほしくない」

175

図表5-21　ネットアンケートの概要

項目	概要
目的	・　行政サービスにおける個人データの利用と保護方策に対する考え方の把握 ・　行政サービスで利用する個人データを保護するために必要な要件の把握 ・　行政サービスで利用する本人以外の家族の個人データに関する取扱いに対する考え方（信頼感や家族意識との違いも含む）の把握
実施手法	・　インターネットアンケート調査（ネットアンケート調査会社経由で、対象者にメールで回答を依頼し、Webサイト経由で回答を回収）
調査対象	・　1,200人 国内に在住するインターネットを利用するユーザ（18歳以上の男女で、公務員を除く）の中から、ネット上で行政手続を行ったことがある（14.3%）、または行う意思のあるユーザ（85.7%）に限定して送付し、回収。
実施期間	・　2010年10月29日〜2010年10月31日
信頼性の確保	・　所要時間が短い回答や、極端に同じ箇所にチェックしてある回答、また特定の規則性がみられる回答などは、有効回答とはみなさず除外。
主な調査項目	①　回答者自身について ②　家族意識について ③　組織や団体に対する信頼感について ④　個人データの漏えいについて ⑤　共通番号（国民ID）制度について ⑥　行政の個人データの利用によるメリットとリスクについて ⑦　行政の個人データの利用における同意について ⑧　行政の個人データの利用に対する不安について ⑨　⑨行政の個人データの利用に対する保護対策について

との回答は、個人データの基本4情報である「氏名」で22.7%、「性別」で11.2%、「生年月日・年齢」で22.0%、「住所」で33.6%と2割前後である。一方、特に福祉系の行政サービスを行う際、給付判断を行うのに必要な所得に関する個人データでは、「収入状況（年収）」で54.3%、「資産・財産状況」で61.4%、「課税・納税状況（税額）」で51.0%であり、さらには「公的扶助（受給の有無など）」では47.5%と、4割から5割近くの割合で利用に対する抵抗感がある。こうした住民の抵抗感を軽減させなければ、期待される行政サービ

第5章　地方自治体における個人情報の保護対策の実態と課題

図表5-22　利用されてもよい本人の個人データ（各項目に対して単一選択）　（N＝1,200）

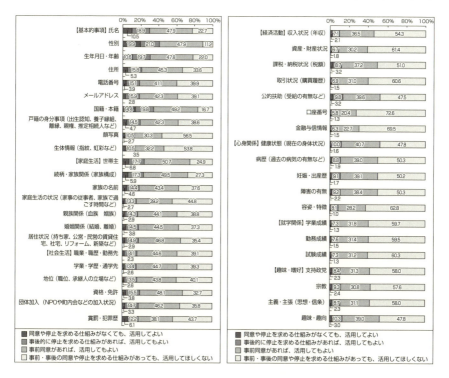

スの効率化や向上を図ることが困難であることを示している。

（4）行政の個人データの利用に対する不安意識

　行政が個人データを利用する際の本人からの同意取得方法と、行政が個人データの利用に対する不安との関係については、次の通りである（**図表5-23**）。なお、ここでは**図表5-22**で列挙した「氏名」から「趣味」までの42種類の各々の個人データごとに尋ねた結果を積み上げた総合計で、「本人からの同意取得方法」の選択項目と、「行政が個人データを利用することに対する不安」の選択項目とのクロス集計を行っている。

　また、行政が個人データを利用する際の家族からの同意取得方法と、行政が個人データの利用に対する不安との関係についても、次のような結果となった

図表5-23 行政の個人データの利用における本人同意と不安（各項目に対して単一選択）
（N＝1,200）

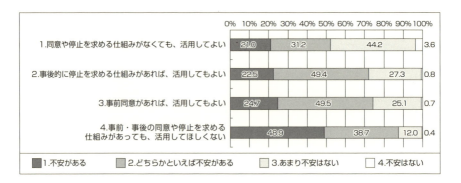

（**図表5-24**）。なお、ここでも**図表5-22**で列挙した「氏名」から「趣味」までの42種類の各々の個人データごとに尋ねた結果を積み上げた総合計で、「家族からの同意取得方法の選択項目（本人同意とは選択項目の内容が異なる）」と、「行政が個人データを利用することに対する不安」の選択項目とのクロス集計を行っている。

本人同意において「事前・事後の同意や停止を求める仕組みがあっても、活用してほしくない」とされたうちの87.6％、家族同意において「家族やあなた（本人）からの同意の有無に関わらず、活用してほしくない」とされたうちの89.1％が、行政が個人データを利用することに対して「不安がある」「どちらかといえば不安がある」と感じていることがわかる。行政に対する信頼感が、行政が個人データを利用する際の本人および家族からの同意の取得方法に大きく影響しているようである。

さらに、**図表5-23**や**図表5-24**で示した「不安がある」または「どちらかといえば不安がある」の回答者（949人）に対して、「不安に感じる理由（複数選択）」を尋ねた結果は、次の通りである（**図表5-25**）。

全体のうちで「第三者に渡るなど、個人情報が漏えいする恐れがあるから」が792人、「本人に同意なく、個人情報が利用目的を超えて利用される恐れがあるから」で755人、「行政が情報をどのように利用するか信頼できず、不安だか

図表5-24　行政の個人データの利用における家族同意と不安（各項目に対して単一選択）
（N＝1,200）

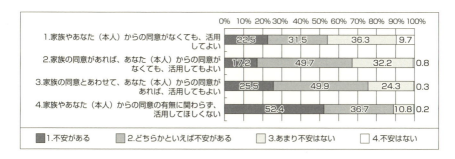

図表5-25　行政が個人データを利用することに不安に感じる理由（複数選択）　（N＝949）

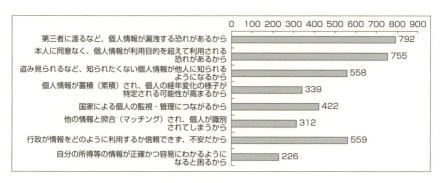

ら」が559人と高くなっている。つまり、行政が個人データを利用することに対する不安の背景には、「情報の漏えい」「個人データの目的外利用」「利用目的が不明確な個人データの利用」など、本人の知らないところで行政が個人データを勝手に使うのではないかとの懸念が根底にあるものと考えられる。

（5）行政の個人データの利用に対する保護対策

　行政が個人データを利用する際に必要と考えられる保護対策について尋ねた結果は、次の通りである（**図表5-26**）。

　その結果、「行政の職員に対する個人情報保護やセキュリティ意識の向上と研修の徹底」で80.5％、「個人情報が不正利用や漏えいする場合などに備えた

図表5-26　行政の個人データの保護方策（各項目に対して単一選択）　　（N＝1,200）

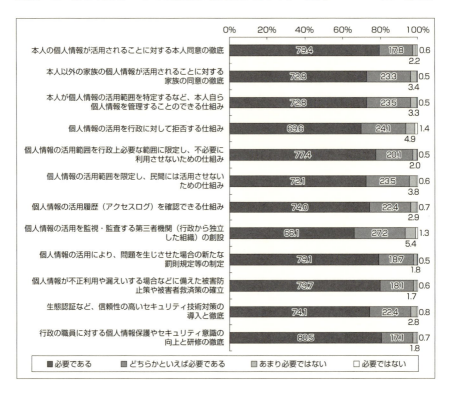

被害防止策や被害者救済策の確立」で79.7％、「本人の個人情報が活用されることに対する本人同意の徹底」で79.4％が「必要である」と回答している。

一方、「個人情報の活用を監視・監査する第三者機関（行政から独立した組織）の創設」を「必要である」とする回答は66.1％と低くなっており、「第三者機関の設置」よりも、まずは行政職員に対する研修や罰則、被害防止策や本人同意といった基本的な個人データの取り扱いの徹底と、個人データの取扱いの可視化が求められている傾向にある。つまり、行政自身の責任において、行政に対する不信感の払拭を図るための透明化が図られる個人情報保護対策が求められていると考えられる[38]。

第5章　地方自治体における個人情報の保護対策の実態と課題

(6) 行政の個人データの利用に対する本人同意の有無と保護対策

　行政が個人情報を利用する際の本人同意方法に対して、求められる個人情報保護対策（「必要である」と回答したもの）の関係については、次の通りである（**図表5-27**）。なお、ここでは**図表5-23**で用いた同じ方法でクロス集計を行っている。

　本人同意の方法として、「事前・事後の同意や停止を求める仕組みがあっても、活用してほしくない」とする回答においては、個人情報保護対策として他と比べて求められる割合が高いのは、「本人自ら個人情報を管理できる仕組み」「個人情報の利用範囲を限定し、民間には活用させないための仕組み」「第三者機関の創設」などであった。現在、行政に個人データを利用してほしくないと感じている住民の抵抗感を和らげるためには、行政の個人データを取り扱う透明性を高め、本人自らが個人データの取り扱われ方を認識するような施策を重点的に行うことが求められている。

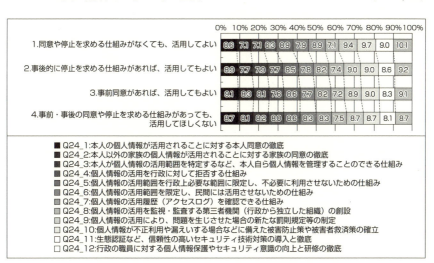

図表5-27　行政による個人データの利用の本人同意方法において、求められる個人情報保護方策（各項目に対して単一選択）　　　　　　　　　　　　　　（N＝1,200）

181

(7) 行政の個人データの利用に対する世帯同意や家族観

世代構成別に対して、行政が個人データを利用する際の家族からの同意取得方法の関係については、次の通りである(**図表5-28**)。なお、ここでは**図表5-24**で用いた同じ方法でクロス集計を行っている。

この中で、「家族の同意があれば、あなた(本人)からの同意がなくても、活用してよい」と回答した方の世代構成別内訳は「夫婦(子供無)」が最も高く、52.6%となっている。一方、「家族やあなた(本人)の同意の有無に関わらず、活用してほしくない」とする回答では、他と比べて「単身」世帯の割合が高い傾向にある。

一方で、「2.家族の同意があれば、あなた(本人)からの同意がなくても、活用してよい」と回答した住民の家族観をみると、「そう思う」の割合は、「独立した個々人が生活を共にする存在」で最も低く、次いで「経済的な助け合いを行う存在」、「精神的に相互依存にある存在」となり、「日常生活以外の困ったことも含めて生活を助け合う存在」が最も高い(**図表5-29**)。

つまり、「家族同意のみで本人の個人データを活用してよい」と考えている住民では、家族の結びつきを、日常生活の助け合い以上に強く感じている住民の割合が高いことが明らかとなった。

図表5-28 世代構成別に対する行政の個人データの利用における家族同意方法(各項目に対して単一選択)　　　　　　　　　　　　　　　　　　　　(N=1,200)

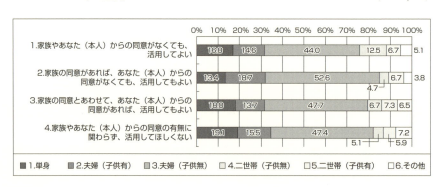

図表5-29 「行政の個人データの利用における家族同意」のうちで「2.家族の同意があれば、あなた（本人）からの同意がなくても、利用してよい」とした回答者に対する「家族意識」の割合（各項目に対して単一選択）　　　　（N＝1,200）

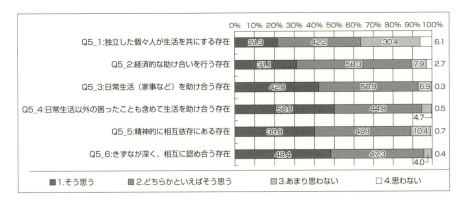

　また、同様にそれぞれの家族観を「そう思う」「どちらかといえばそう思う」と回答した人の世代構成別にみると、「独立した個々人が生活を共にする存在」では相対的に単身世帯の割合が高いほか、夫婦（子供有り）世帯は「独立した個々人が生活を共にする存在」における構成割合が最も低く、「きずなが深く、相互に認め合う存在」になるにつれて、高くなっていく傾向にある（**図表5－30**）。

　このことから、家族同意による個人データの利用に消極的な家族観は、相対的に見て「単身世帯」に多いものと推測される。家族同意による行政サービスの効率化・サービス向上を進めるためには、こうした「独立した個々人が生活を共にする存在」と考える「単身世帯」に対して、行政の個人データの利用に対する理解を得られるような仕組みを考えることが求められる。

（8）行政における個人データの利用に対する不安と対応策

　地方自治体の行政サービスの個人データとして「世帯」単位で利用しているとの行政サービスの実態に着目し、行政の「世帯」単位の情報利用に対する住民自身の認識や不安などの懸念を生み出す要因について検討してきた。その調査結果をふまえると、地方自治体における住民の個人データの利用方法（本人

図表5-30　世代構成別に対する「そう思う」「どちらかといえばそう思う」と回答する「家族意識」の割合（各項目に対して単一選択）　　　　　　　　　　（N＝1,200）

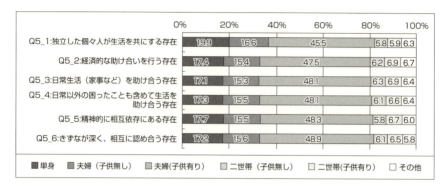

や家族の同意の有無）については、「事前・事後の同意や停止を求める仕組みがあっても、利用してほしくない」との意見が、個人データの基本4情報（氏名21.6％、性別14.6％、生年月日・年齢21.4％、住所27.3％）などが2割前後であったのに対し、地方自治体において、特に福祉系の行政サービスにおいて給付判断を行うのに際に最も必要な収入状況（年収）、資産・財産状況、課税・納税状況（税額）といった「経済活動に関する個人データ」については5割を超えていることがわかった。行政サービスにおいて個人データの利用を進めるためには、こうした住民意識に十分に配慮することが求められる。

　このように住民が地方自治体における住民の個人データの利用に対して「事前・事後の同意や停止を求める仕組みがあっても、利用して欲しくない」と回答する背景には、行政が個人データを利用することに対する「不安」が背景にあり、その不安の原因としては、行政による「情報漏えい」や「目的外利用」、「利用目的が不明確な個人データの利用」といった行政が勝手に個人データを利用するのではないかとの不信感が要因であることがわかった。従って、行政が個人データを利用する際には、このような要因を排除し、不安を取り除くことが必要である。

　具体的な対応策としては、「行政の職員に対する個人情報保護やセキュリティ意識の向上と研修の徹底」、「個人データが不正利用や漏えいする場合などに備えた被害防止策や被害者救済策の確立」、「本人の個人データが利用される

ことに対する本人同意の徹底」など、行政職員に対する研修や罰則、被害防止策や本人同意といった「個人データの取り扱いプロセスの可視化（透明化）」による基本的な個人データの取り扱いの徹底により、行政自身の責任において住民に対して個人データがどのように取り扱われているかを説明（証明）し、住民の行政に対する不信感の払拭を図ることが必要であろう。

（9）「世帯」単位の個人データの取り扱いに対する住民意識

「世帯」単位の個人データの利用に対して、家族の同意による個人データの利用を許容する住民は、家族意識を「独立した個々人が生活を共にする存在」や「経済的な助け合いを行う存在」といった家族間の結びつきを弱くとらえる住民ほど、家族の同意に基づく個人データの利用に対して消極的な傾向にあることが明らかとなった。また、こうした家族観は、「単身世帯」において相対的に多い傾向にあることもわかった。

現在、日本では、この「単身世帯」の割合が増加しており、今後もその傾向が続くことが予想されている[39]。この「単身世帯」において、家族間の結びつきを弱くとらえる家族観が相対的に高いことを鑑みると、今後は、従来の世帯主のみの同意だけなく、世帯員全員の同意を前提とした地方自治体の個人データの利用と保護対策のあり方が求められる[40]。

注

24　地方自治体の個人情報保護の取り組みは、情報公開の条例化が先行され、個人情報保護条例ができるまでの間の暫定的措置として、情報公開条例に基づいて、自己の個人情報の本人開示請求権が行使された一方で、個人識別される個人情報は原則非公開とした。例えば、情報公開条例に基づく個人情報の本人開示の事例として、「教育情報」であれば子どもの内申書・指導要録、医療情報であれば、患者のカルテ、診療報酬明細書（レセプト）等が挙げられる。

25　詳細は、総務省大臣官房地域力創造審議官［2017c］を参照のこと。

26　ただし、個人情報保護条例に基づいて開示請求をすることができる個人情報は、「自己を本人とする保有個人情報」に限られる。従って、自己以外の者に関する情報については、たとえ家族に関するものであっても開示を請求することはできない。例えば、北九州市の

個人情報保護審査会の答申によると、世帯の生活保護のケース記録に対して、実施機関が異議申立人以外の世帯構成員の個人情報は開示請求の対象外であるとして、「個人情報保護制度における開示請求権は、あくまでも「自己の情報」についてのみ認められた権利であり、自己以外の者の個人データについては、たとえ配偶者に関するものであっても開示を請求することはできないものと厳密に解釈運用すべきであると考える」と指摘しており、世帯の個人データを利用することは、給付サービスの実施に対しては「社会的受忍」が認められるとしても、その利用が世帯で共有されることが認められるわけではない（「北九州市個人情報保護審査会答申第10号」（諮問：2005年8月9日、答申：2007　年3月30日））。

27　課税証明の交付では、課税等の税務証明書の申請ができるのは、原則として納税者本人である（本人限定）こととし、本人以外の第三者には、基本的に税務証明書の交付を求める請求権はなく、委任状（同意書）が必要とされる（地方税法上の守秘義務に基づく税情報の開示禁止原則）。ただし、未成年の子どもの親（親権者等民法上の法定代理人（民法第818条および民法第824条））や、夫婦（婚姻関係が別居等の破綻状態に陥っていない場合に限り、民法上の日常家事代理権（民法第761条）の延長上）、また生計を一にする親族・家族（民法上、親族間の相互扶助・協力関係（民法第730条）に基づく暗黙の推定的承諾）に対しては委任状（同意書）が不要とされている。なお、いずれも、個々の地方自治体で本人から直接事情を窓口で聞き、家族からの同意が得られるものと考えられるかどうかを判断することになるため、それぞれの地方自治体や担当者によって見解が異なるケースが生まれている。

28　2005年度第2回横須賀市個人情報保護運営審議会の「所得情報・福祉関係情報の目的外利用について（類型諮問）」において、「サービス等給付関係事務における資格要件審査」で、①所得情報や②福祉関係情報といった利用する保有個人情報（資格要件審査に申請者本人の家族の情報を必要とする場合の当該家族の保有個人情報を含む。）について、資格要件審査の担当者が受給等資格要件の審査に利用することを許可し、さらに本人への通知を省略することを認めている。

29　小泉［2015］の記事によると、鈴木［2012］は、「以前は1800個問題と呼んでいたんですけども、Twitterで立命館大学の上原先生が、いやいやもっとあるでしょうと。情報セキュリティ大学院大学の湯淺先生などからも広域連合等の条例や規則も入れないとといわれまして、じゃぁコンピュータの2000年問題もあったことだし、切りのいいところで、2000個問題と呼ぼうかということになりました。」と述べている。そのため、本書では、1800個問題と2000個問題と両方の用語が混在して用いることにご留意願いたい。

30　なお、地方自治の本旨として、法律の範囲内で、法令に違反しない限りにおいて、地方自治体が条例を制定することが認められること（条例制定権）に基づく、「上乗せ条例」

第5章　地方自治体における個人情報の保護対策の実態と課題

と「横出し条例」の問題については、第6章第3節にて論じている。

31　長谷川［2017］は、2000個問題の解消に向けた手法の検討に当たって、地方自治の趣旨および地方分権改革の議論をふまえた検討を行っている。

32　湯淺［2014］は、個人情報保護法2000個問題の展望として、個人情報保護条例制定義務との関係や情報公開制度との関係について問題点を指摘した上で、諸外国との比較検討など慎重に検討してく必要があると述べている。

33　調査結果の詳細は、瀧口［2007］を参照のこと。

34　例えば、国の行政運営における公正の確保と透明性の向上を図ることを目的とし、行政上の手続についての一般法である行政手続法では、地方公共団体の措置として、第46条に「この法律の規定の趣旨にのっとり、行政運営における公正の確保と透明性の向上を図るため必要な措置を講ずるよう努めなければならない」とされており、地方自治法における自治事務等この法律の適用除外となっている行為（その根拠となる規定が条例または規則に置かれているもの）について（第3条第3項）、この規定に基づき、行政手続条例を制定している地方自治体が多数を占めている。このように、地方自治体に対して、どの程度の強制力を持たせるかは別として、ガイドライン等の法的根拠の乏しい形ではなく、法令で規定した形で明文化し、法的根拠として示されるようにすべきであろう。

35　そもそもの住民基本台帳の業務は法定受託事務とは違い、国が地方自治体に対して強制できない市町村の自治事務であり、住基ネットも自治事務となる。従って、自治事務に対して、原則として、「国の関与は是正の要求まで」であり、住基ネット参加の可否は地方自治体ごとの判断となる。

36　「共通番号および国民IDカード制度問題検討名古屋市委員会意見書」では、法に抵触する可能性の高い監視ツールであるとして、「国が、住基ネットを基盤にした共通番号制や国民ID〔カード〕制を、地方自治体の意思、民主党政権の地域主権確立の公約等に反して推進するのであれば、名古屋市は、その基となっている住基ネットへの参加や納税者情報に関する国税連携のあり方等をも視野に入れて、住民の自由権の保護に万全を尽くすべきである」と指摘している。また、日本弁護士連合会でも、2010年8月19日に、拙速に「番号制」の創設のみを進めるべきではないとの「「税と社会保障共通の番号」制度創設に関する意見書」を提出している。

37　具体的な算出方法として、図表5-22で列挙した「氏名」から「趣味・嗜好」までの42種類の個人情報ごとに積み上げた総合計について、「本人からの同意取得方法」の選択項目（「同意や停止を求める仕組みがなくても、利用してよい（合計1,983件）」、「事後的に停止を求める仕組みがあれば、利用してもよい（合計6,077件）」、「事前同意があれば、利用してもよい（合計19,666件）」、「事前・事後の同意や停止を求める仕組みがあっても、利用して欲しくない（合計22,674件）」）に対して、「行政が個人情報を利用することに対する

187

不安（各項目に対して単一選択）」の選択項目（「不安がある（35.2%）」、「どちらかといえば不安がある（43.9%）」、「あまり不安はない（20.3%）」、「不安はない（0.7%）」）の割合とのクロス集計を行っている。

38　このことは、2010年8月13日に公表されたIPA（独立行政法人情報処理推進機構）の「eIDに対するセキュリティとプライバシーに関する認知と受容の調査報告書」によると、日本人とEU住民との比較において、インターネットにおける個人情報保護では、日本人はプライバシー侵害を防ぐ責任は利用者本人よりもサービス事業者にあると思っている傾向が高く、これはEUと逆の結果であり、日本人はプライバシー侵害を自身で防ぐというよりも、日本人はプライバシーを守るために自分自身で保護するよりも他人任せの傾向にあることを明らかにしているが、こうした点とも通じる部分があるとも言えるだろう。

39　日本の単身世帯は、1985年に789万世帯から2005年に1446万世帯へと20年間で2倍近くに急増しており、さらに今後、全人口が減少しても単身世帯は増え続けることが予想されている。

40　単身世帯には、基本的に世帯主以外の世帯員は存在しない。ただし、例えば、独身と両親の3人で同居しているが、単身と両親は別世帯（世帯分離）としているケースも存在している。このため、一概に単身世帯だからといっても、家族が存在していないわけではない。このことが、世帯単位での個人データの取り扱いを複雑化させている。

第6章

地方自治体の個人データの利用と
保護対策のあり方

第1節　番号制度の導入と「世帯」単位の管理
第2節　本書の概念整理に基づく考察
第3節　地方自治体の個人データの利用と保護対策に向けた提案

第6章　地方自治体の個人データの利用と保護対策のあり方

第1節　番号制度の導入と「世帯」単位の管理

　政府は、社会保障・税制度の効率性・透明性を高め、国民にとって利便性の高い公平・公正な社会を実現するための社会基盤として番号制度を導入するため、第180回国会に「行政手続における特定の個人を識別するための番号の利用等に関する法律案」、および「行政手続における特定の個人を識別するための番号の利用等に関する法律の施行に伴う関係法律の整備等に関する法律案（以降「番号法」という）」が可決・成立した[41]。

　これまでにも、住民一人ひとりに固有の唯一無二の番号を割り当て、それに基づき住民の生活や収入など、各自の事情に応じた行政サービスの迅速化を図るため、社会保障・税分野に対する番号制度導入が検討されたことがある。例えば、1980年、非課税貯蓄（マル優）の仮名口座を防止するため、グリーンカード（少額貯蓄等利用者カード）制度の導入が試みられたが、海外への資金流出等を懸念する声が高まったこともあり、同制度は断念を余儀なくされた。また、2009年6月23日に閣議決定された「経済財政改革の基本方針2009」において、社会保障番号・カード（仮称）を、2011年度中を目途に導入することが明記され、年金手帳、健康保険証、介護保険証としての役割を果たし、年金記録等の確認を行うことができる社会保障カード（仮称）の検討が進められたが、政権交代後の同年11月に行われた行政刷新会議の事業仕分けにおいて、予算計上見送りとの評価結果が出されている。

　一方、政権交代を果たした民主党は「マニフェスト2009」において「所得の把握を確実に行うために、税と社会保障制度共通の番号制度を導入する。」とし、「2010年度税制改正大綱」（2010年12月22日閣議決定）に、社会保障・税共通の番号制度の導入が盛り込まれた。さらに2011年2月には、国家戦略室に「社会保障・税に関わる番号制度に関する検討会」を設置し（会長：当時の菅副総理）、6月29日に「中間とりまとめ」として、番号制度の導入に向けて、①利用範囲をどうするか、②制度設計をどうするか、③保護の徹底をどうするか、という3つの選択肢を含む「社会保障・税に関わる番号制度〜3つの視点からの「選択肢」〜」＜国民の権利を守るための番号に向けて＞を公表し、意

191

見募集を行った。

この後、社会保障・税に関わる番号制度の議論は、政府・与党社会保障改革検討本部（本部長：内閣総理大臣。2011年12月からは政府・与党社会保障改革本部に改称。）の下に設置された「社会保障・税に関わる番号制度に関する実務検討会」（以下「実務検討会」という）へと引き継がれた（座長：現在は社会保障・税一体改革担当大臣）。

実務検討会は、2011年12月3日に「社会保障・税に関わる番号制度に関する実務検討会中間整理」、2012年1月28日には「社会保障・税に関わる番号制度についての基本方針（案）」、4月28日には「社会保障・税番号要綱」、6月28日には「社会保障・税番号大綱（案）」（以下「大綱」という）をそれぞれ取りまとめた（基本方針は2013年1月31日に、大綱は6月30日に政府・与党社会保障改革検討本部で、それぞれ正式決定されている）。

大綱では、国民一人ひとりに、個人の有する最新の基本4情報（氏名、住所、生年月日および性別）と関連付けた新たな番号を付し、年金、医療、介護保険、福祉、労働保険、税務の各分野のほか、災害時における支援に利用することとしており、制度導入の効果として、所得等の情報把握とその情報の社会保障・税の分野での効率的な利用が可能となり、負担・分担の公平性の確保、各種行政事務の効率化、国民の利便性の更なる向上等が実現できるとしている。また、個人情報の国家管理につながるのではないか等の番号制度導入に対する懸念に適切に対処するため、内閣総理大臣の下に、番号制度における個人情報の保護等を目的とする委員会（第三者機関）を置くこととしている。

なお、社会保障・税に関わる番号制度を国民の理解を得ながら推進するために設置された番号制度創設推進本部（本部長：内閣総理大臣）において、番号の名称の一般公募を行い、6月30日に名称を「マイナンバー」とすることを決定した。その後、大綱に基づき法案策定作業が進められ、12月16日には実務検討会が「社会保障・税番号制度の法律事項に関する概要（案）」を取りまとめ、政府は、2014年2月14日に前述した法案を国会（衆議院）に提出し、可決・成立した[42]。

番号制度は、個人に対し個人番号（マイナンバー）を、法人に対し法人番号を付番し、番号が有する識別性を活用し、機関間の情報連携を行うことで、①

第6章　地方自治体の個人データの利用と保護対策のあり方

行政運営の効率化、②行政分野における公正な給付と負担の確保、③手続きの簡素化による国民の負担軽減、④国民の利便性の向上、を図ることを目的としている（番号法第1条）。また、個人情報の保護を強化するため、⑤現行の個人情報保護法制の特例も規定される（同条）。従って、個人番号を「鍵」として、複数の機関に存在する個人の情報を正確に連携させる制度であることから、新しい社会基盤（インフラ）であるとも称される。

このため、特に地方自治体にとっては、窓口での手続きを行う住民に関する個人の情報が、同一人の情報であるということの確認を行うことができ、他の行政機関や地方自治体等の間において当該個人情報の照会・提供を行うことが可能となることで、申請に必要となる情報となる添付書類等（住民票、前住所地の所得証明書および課税証明書等）を提出する必要がなくなることが挙げられる。つまり、この個人番号により、より確実かつ効率的な本人確認、記録の管理が可能となることが期待されるのである。また、地方自治体が個人住民税の賦課計算を行う場合に、納税者の所得情報を正確かつ効率的に把握できるようになることも期待されることとなった。

従って、地方自治体に提出される社会保障・税分野の提出書類にも個人番号の記載がなされることで、個人番号をキーとした正確かつ効率的なサービス提供、行政事務が可能となり、個人番号や番号制度対応で整備されるシステム基盤を利用することで、地方自治体内および行政機関、他の地方自治体同士の情報連携が可能となるため、申請・届出における添付書類の削減や照会業務等に関する窓口業務の効率化が図られることが期待できる。ところが、現時点での番号制度に関わる自治体の様子は、その全く真逆と言っていい状況であり、地方自治体の負担は増す一方なのが実態である[43]。また現時点では、戸籍事務への番号制度の導入は行われていない[44]。

なお、地方自治体の個人データの利用という観点として番号法で注目すべき点は、個人番号の利用に対しては「ホワイトリスト方式」が採用され、番号法に明示的に規定が存在する事務においてのみ利用できることとなっている点があげられる（利用範囲の明確化）。 具体的には、番号法第9条の別表第一に、個人番号を検索等に利用できる93の事務が、別表第二に、特定個人情報を他者に提供できる事務、提供を行える情報の内容、提供ができる者、受け取ること

193

ができる者が規定されている。これらの別表に記載されていない事務において
は個人番号を利用することはできない。

また、個人番号と紐付けられた自己の個人データが届出や申請を行った機関
以外で、どの程度利用されているかを確認できるように、番号法では、行政機
関（地方公共団体を含む。以下同じ）間で特定個人情報の授受を行った場合に
はその記録を保管することを定めている（番号法第23条等）。また、附則第6
条第5項において、その記録内容を国民に提供するためのWebシステム（情
報提供等記録開示システム。通称「マイナポータル」）を、マイナンバー法施
行後1年を目途に設置するとしている。つまり、個人番号と紐付けられた自己
の個人データの授受の記録（アクセスログ）を確認することが可能となる仕組
みが導入されることになったのである。

さらに、米国や韓国で成りすまし等が社会問題化した背景には、個人番号を
本人確認の手段としたことがあるとのことから、番号法で成りすましを防ぐこ
とができるよう、本人から番号の提供を受ける場合には、政省令で定める書類
の提示を受ける等の方法で本人確認を行わなければならないことが定められて
いる（番号法第16条）。

なお、番号制度の個人番号を通じた情報連携を行うには、個人番号の「符
号」と地方自治体内の各業務システムのデータベースにある個人を一意に特定
する必要がある。個人番号は、個人情報保護の観点から、中間サーバーで保持
することができないため、別の手段が必要となる。そのため、内閣官房が地方
自治体に対して、2013年8月26日に開催した「平成25年度全国担当者説明会・
研修会」における「社会保障・税番号制度説明資料」（内閣官房［2013］）によ
ると、個人情報の保護等の観点から、中間サーバーでは個人番号を保持しない
ことから、情報連携に用いる符号と、各団体内において一意に個人を特定する
団体内統合宛名番号等で、個人の紐付けを行うことが望ましいとの指摘を行っ
ている。そのため、国は地方自治体に対して、番号制度の個人番号と宛名情報
等の団体内統合宛名番号を紐付ける団体内統合宛名システム等の整備を求めて
いる（**図表6-1**）。

国によると、地方自治体においては、情報連携対象のシステムが保有する個
人データは大多数の住民に及ぶことから、庁内業務連携等の意義においても、

第6章　地方自治体の個人データの利用と保護対策のあり方

図表6−1　国が求める団体内統合宛名システムの整備イメージ

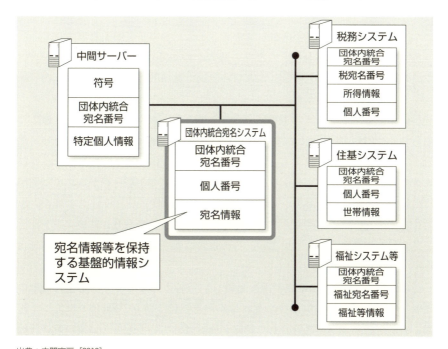

出典：内閣官房［2013］

　その個別システムの宛名情報を統一的に管理することの意義が大きいとしている（内閣官房［2013］）。確かに、番号制度で構築される情報連携基盤とのデータ連携を想定すると、各業務システムとの連携は不可欠となることから、各業務システムの住民の個人データのキーとなる宛名情報等の団体内統合宛名番号と番号制度の個人番号を紐付けておくことは重要だと考えられる。ただし、国では税の宛名システムをはじめとして、すでに分野横断的な宛名管理システムを整備している市区町村も多く存在し、既存システムの改修等による対応も可能としているが、実際の地方自治体では、宛名情報を統一的に管理する団体と、そうではない団体が存在する。本書でも取り上げたA市では、すでに分野横断的な宛名管理システムを整備しているが、B市では、分野横断的な宛名管理システムはなく、住民基本台帳に登録されている住民の個人データと、住登

外の個人データは別々に管理されている。しかしながら、B市は、住登外の個人データが統一的に管理されているだけましであり、他の多くの地方自治体では、住登外の個人データが業務システムごとにバラバラに個別管理されているのが実態である。そのため、かなりの時間がかかることが予想されるものの、住民の個人データに対しては、地方自治体内で統一的に管理する仕組みが構築されていくものと思われる。

なお、番号法では、あくまで個人番号と個人データを紐付ける仕組みのことであり、「世帯」単位による個人データの取り扱いは、考慮されていない。なお、内閣官房［2013］によると、「社会保障給付の資格要件等の確認に必要な世帯情報は、情報提供ネットワークシステムを通じて市町村長から必要な機関に提供」することが示され、「世帯情報を、情報提供ネットワークシステムを通じ提供するには、中間サーバーに符号に対応する世帯番号、続柄コード、更新日の保有が必要」としているが、その世帯情報を提供する法的根拠は明確には示されていない。

このため、「世帯」単位で利用する場合、どのような形で、特定個人情報の授受を行った場合の記録が提供されるかが不明確であり、「世帯」単位による個人データの利用実態に着目した対応が検討されているものとは言い難い状況である。

ただし、番号法では、個人番号の提供の求めが制限される本人以外の他人として「自己と同一の世帯に属する者以外の者」としている（番号法第15条）。つまり、他人とは「自己と同一の世帯に属する者以外の者」であり、例えば、幼い子供の特定個人情報について、その親が保管することが想定されることから、子、配偶者等の自己と同一の世帯に属する者に対しては、個人番号の提供を求めることができることとなる[45]。

第2節　本書の概念整理に基づく考察

これまでの考察から、地方自治体の実態として、制度ごとに世帯を設定しているため、業務システムごとに世帯情報を管理していることを明らかにしてきた。つまり、地方自治体として、全体として世帯構成員の情報を捕捉しきれて

第6章　地方自治体の個人データの利用と保護対策のあり方

いないのである。このことが、「世帯」単位での個人データの利用に対する不適切な取り扱いであるミスを誘発する原因の1つとなりうるのではないかと考えられる。

　本来、地方自治体が住民の個人データ保護する単位は「個人」であり、本人同意を原則とすれば、本来であれば世帯全員の同意を得なければ、本人以外の世帯構成員の個人データを確認することができないはずである。ところが、日本の地方自治体の行政手続きでは、世帯全員の同意を求める地方自治体と、申請者本人のみの同意で世帯全員の同意を得たと解釈する地方自治体があり、その住民の個人データの取り扱いに相違があるのが実態である。

　地方自治体の住民の個人データの取り扱いに対しては、近年、DV事件の問題もふまえ、本人同意がない限り「世帯」単位で利用は許されないとの捉え方と、世帯全員の同意を求めることに対して、業務の煩雑化による行政サービスの低下を招く恐れもあり、「世帯」単位で利用は許容されるべきとの捉え方が、理論的な選択肢として考えられる（**図表6-2**）。

　例えば、「『世帯単位』での住民の個人データの利用を甘受する」との考え方に立つと、「世帯」単位の概念を個人データ保護対策にも反映させ、本人同意の概念を申請者本人のみの同意で世帯全員の同意を得たと解釈することが可能

図表6-2　「世帯」単位での利用不可か利用甘受かの考え方

考え方	解決策	課題
「世帯」単位での住民の個人データの利用を甘受する	・「世帯」単位の概念を個人データ保護対策も反映させ、本人同意の概念を申請者本人のみの同意で世帯全員の同意を得たと解釈する	・個々の住民自身による個人データの管理ができなくなる ・自己コントロール権を、どこまで保障すべきかを検討する必要がある
「世帯」単位での住民の個人データの利用を不可とする	・社会保障制度の給付行政サービスの概念を「世帯」単位から個人単位に切り替える	・「世帯」単位による社会保障制度の給付行政サービスの大幅に制度変更が伴う ・民法の家族法など、扶養関係の概念も変更を迫られる

出典：著者作成

となる。ただし、これまで「夫婦に子ども2人」という日本の標準的な世帯の姿として語られ、社会保障制度の給付行政サービスが維持されてきたものの、晩婚化・未婚化の進行、離婚の増加、共稼ぎ世帯の増加などにより、「単身世帯」と「夫婦二人世帯」が急増し、「世帯」単位が多様化している実態をふまえる必要がある[46]。特に「単身世帯」や「片働き世帯」なども含めて、さまざまな「世帯」単位の捉え方に選択の幅のある中で、地方自治体における住民の個人データの利用に対して、取り扱いのミスを抑制する方法を採用することが求められる。

他方、「『世帯単位』での住民の個人データの利用を不可とする」との考え方に立つと、住民の個人データの利用に対して本人同意を徹底させて、世帯全員の同意を求めるようになることで、現実的に地方自治体の手続きの窓口事務が煩雑となり、地方自治体の負荷がますます増加することが想定される。さらに、日本の社会保障の給付行政サービスにおける資格要件を「世帯」単位から「個人」単位へと、抜本的な制度変更を行う必要がある。そうした日本の社会保障の給付行政サービスの制度変更は、現在の民法の家族法から帰着した扶養関係を基本とした家族制度に基づき、「世帯」単位による給付と負担の関係の均衡を図ってきた給付行政サービスに対する制度設計を、抜本的に見直すことになり、給付と負担の「公平性」の観点から、さまざまな検討が求められる。このため、地方自治体の「世帯」単位による住民の個人データの取り扱いを変更することは、現時点では現実的な取りうる選択肢とは言えないだろう[47]。

従って、本書では、現実的に取りうる選択肢として、「『世帯』単位での利用を甘受する」との立場を前提とし、地方自治体の「世帯」単位による個人データの取り扱いに対するミスを防止する方法を検討することとしたい。

次に、本書の概念である「①本人同意の方法論」や「②利用を制御する方法論」をふまえた明確な基準と適正な法的手続きに関する仕組みを検討する。

まず、「①本人同意の方法論」に対しては、「オプトアウト（opt-out）」の手続きを制度的に機能するように保障することが前提となる。ただし、例外として、DV等による個人データの取り扱いのミスを誘発するリスクがある場合を考慮し、事前に本人が個人データの利用禁止を申し出ることができるなど、事

第6章　地方自治体の個人データの利用と保護対策のあり方

前に個人データの利用を停止することが可能となる「オプトイン（opt-in）」の仕組みが認められてもよいだろう。

　次いで、「②利用を制御する方法論」としては、番号法第9条で利用範囲を明確に示した「ホワイトリスト方式」を採用し、改めて給付サービスで、どのように「世帯」単位による個人データ利用するかを明確にすることが必要となる。

　以上、本書の概念である「①本人同意の方法論」や「②利用を制御する方法論」に関する事項を整理すると、次の通りとなる（**図表6-3**）。

　なお、「①本人同意の方法論」に関して、地方自治体の「オプトアウト（opt-out）」の手続きに関しては、多くの地方自治体の個人情報保護条例において、民間の個人情報保護法に比べて、「開示、訂正、利用停止請求権」が明確に認められている。特に、多くの地方自治体の個人情報保護条例において、開示請求を行うことが前提となる「開示請求前置主義」が採用され、手続き的な制度化が規定されている。ただし、問題は、そうした手続き的な制度があまり機能していないことにある。この要因として、地方自治体が、住民に対して、個人データの利用範囲や利用実績をわかりやすく情報提供されていないことにあると考えられる。

　このため、地方自治体と住民との「世帯」単位による個人データの利用範囲や利用実績に関する「情報の偏在（いわゆる『情報の非対称性』）」を解消し、

図表6-3　本書の視点としての概念に対する検討事項と方針

検討事項	方針
住民の個人データの利用単位	・「世帯」単位での利用を甘受せざる得ない。
本人同意の方法論	・「オプトアウト（opt-out）」の手続きを制度的に機能するように保障することが前提となる。 ・ただし、事前に個人データの利用を停止することが可能となる「オプトイン（opt-in）」の仕組みが認められてもよい。
利用を制御する方法論	・「ホワイトリスト方式」を採用し、どの給付サービスで、どのように利用するかを明確化することが必要となる。

出典：著者作成

199

住民が具体的な「開示、訂正、利用停止請求権」といった権利を行使できるような工夫を行う必要がある。少なくとも地方自治体は、世帯員全員に対して「世帯」単位での個人データの利用範囲や利用実績を提供する必要がある。こうした仕組みとして、例えば、国民年金、厚生年金の被保険者に対して、定期的に繰り返し年金加入記録や年金見込額などの情報を届ける「ねんきん定期便」のような仕組みを参考にしながら、具体的な仕組みを検討する必要がある。

　また、「②利用を制御する方法論」に関して、「ホワイトリスト方式」の採用を前提に、あらかじめ、地方自治体に対して、住民が個人データの利用範囲などを表明するなどの具体的な仕組みを検討する必要がある。例えば、臓器移植法に基づき脳死判定に従う脳死後の臓器提供の可否を事前表明する「臓器提供意思表示カード」のように、地方自治体から住民に対して、住民の個人データの「世帯」単位での利用範囲を明確に公開・提示することを前提に、住民が「世帯」単位での住民の個人データの利用範囲などを事前（または事後）に意思表明しておく仕組みなどが考えられる。

　「臓器提供意思表示カード」とは、臓器移植においては、臓器移植法にて脳死からの臓器提供をする際に、家族の承諾とともに生前の意思を明確に表示しておくためのカードであり、提供したくないと意思表示しておけば、家族の承諾があっても法律上、移植はできない仕組みとなっている。そこで、地方自治体が「世帯」単位による住民の個人データを利用する範囲を、「ホワイトリスト方式」にて列挙した内容を条例等の法令で明文化して規定し、その規定に基づいて、例えば住民が毎年行う税の申告時に所得情報の申告と合わせて、所得情報の利用範囲を表明するといった仕組みが考えられる。

　つまり、住民が自らの個人データの利用を拒否する権利を仕組みとして整備することで、「『世帯単位』での住民の個人データの利用を甘受する」ことが可能となると考えられる。ただし、こうした考え方に対しては、例えば、未成年者や成年被後見人の法定代理人等との関係を整理することなどの諸課題が挙げられる。

　このように、地方自治体の「世帯」単位による個人データの利用と保護対策に向けては、地方自治体の責務として、住民に対して個人データがどのように

第6章　地方自治体の個人データの利用と保護対策のあり方

取り扱われているか（利用しているか）を説明（証明）し、住民の不信感や不安を払拭することが不可欠である。また、社会保障の給付サービスの分野により「世帯」の範囲（捉え方）が異なることから、地方自治体において、住民が自らの個人データを利用していると認識していないケースを解消することも必要となる。

　このように、地方自治体の「世帯」単位による住民の個人データの取り扱いに関する利用範囲や利用実績を住民自らが認識し、管理できる仕組みを構築することにより、DV事件などに起因する地方自治体の「世帯」単位による住民の個人データの誤った取り扱いによる問題を未然に防止することが期待できる。

第3節　地方自治体の個人データの利用と保護対策に向けた提案

　前節では、本書の基本概念である「①本人同意の方法論」や「②利用を制御する方法論」をふまえた明確な基準と適正な手続きに関する仕組みに向けた考察を行ってきた。その結果、「①本人同意の方法論」として「オプトアウト（opt-out）」の手続きを制度的に機能するように保障することや、「②利用を制御する方法論」として「ホワイトリスト方式」を採用し、どの給付行政サービスで、どのように利用するかを明確にする必要があることを指摘した。

　本節では、こうした指摘をふまえ、地方自治体の「世帯」単位による住民の個人データの利用と保護対策に向けて、次の4つの基本方針を提示する（**図表6−4**）。

　第1の方針は、住民の個人データの最大限の利用を前提とし、必要最低限の情報しか保有しないことである。これまで地方自治体が保有する個人データに対しては、保護の側面ばかりが強調されがちであった。このため、住民の個人データを最大限に利用することを前提にし、利用に必要となる情報しか保持しないよう、発想の転換を図るべきである。具体的には、利用を制御する方法論として、「ホワイトリスト方式」に基づき、あらかじめ、どの給付行政サービスに対して、どの個人データの情報を利用するかを住民に明確に示すことが考

201

図表6-4　地方自治体の個人データの利用と保護対策に向けた基本方針

第1方針	・ 住民の個人データの最大限の利用を前提とし、必要最低限の情報しか保有しないこと
第2方針	・ 個人データの利用単位は「個人」を第一義としつつ、現行の社会保障制度の分野では世帯単位で事務が処理されていることを例外として是認すること
第3方針	・ 例外的に「世帯」を単位として個人データを利用するため、個人としての住民本人が自己の情報をコントロールする機会を保障すること
第4方針	・ 地方自治体の個人データを「世帯」単位で利用することに対して、計量的な実態調査に基づく対応を行うこと

出典：著者作成

えられる。

　第2の方針は、個人データの利用単位は「個人」を第一義としつつ、現行の社会保障制度の分野では世帯単位で事務が処理されていることから、例外的に「世帯」を単位として個人データの利用を是認することである。現在の地方自治体の「世帯」単位による住民の個人データの利用は、現行の家族制度（民法の家族法から帰着した扶養関係）に基づくものであり、その取り扱い（利用）の単位を変更することは、社会保障制度のみならず、家族制度の法改正を伴う制度変更が必要となる。このため、現実的に取りうる選択肢として、「地方自治体の『世帯単位』での個人データの利用は許容せざるを得ない」との立場に立脚しつつ、あくまで例外的な利用であることを前提に、地方自治体が、住民本人に対して、どのように個人データを世帯単位で利用しているかを明確に示すことが求められる。

　第3の方針は、例外的に「世帯」を単位として個人データを利用するため、個人としての住民本人が自己の情報をコントロールする機会を保障することである。すでに、多くの地方自治体の個人情報保護条例では地方自治体が保有する住民の個人データに対して公権力を行使して取得しているため、民間事業者を規制する個人情報保護法に比べて、より明確に「開示、訂正、利用停止請求権」が認められ、特に開示請求を行うことが前提となる「開示請求前置主義」が採用され、手続的な制度化が規定されている。つまり、すでに、ある程度の「オプトアウト（opt-out）」が、制度的に採用されているのである。

202

第6章　地方自治体の個人データの利用と保護対策のあり方

ただし、問題は、そうした「オプトアウト（opt-out）」という手続的な制度が実質的に機能していないことにある。この点に関しては、住民に対して個人データの利用範囲がわかりやすく情報提供されていないことが要因の1つと考えられる。そのため、住民と行政との「情報の偏在（いわゆる『情報の非対称性』）」を解消し、世帯員全員に対して「世帯」単位による個人データの利用範囲や利用実績を情報提供する等、具体的な権利を行使できるような工夫に取り組むことが考えられる。

また本書では、地方自治体全体として、世帯構成員の情報を捕捉しきれていない課題を指摘した。そのため、こうした点を改善した上で、個人としての住民本人が自己の個人データをコントロールする機会を提供する仕組みが求められる。

第4の方針は、地方自治体の個人データを「世帯」単位で利用することに対して、計量的な実態調査に基づき対応を行うことである。本書では、現行の社会保障制度の分野では「世帯」の範囲（捉え方）が異なる実態を示したが、「世帯」単位での個人データの利用に対する不適切な取り扱いに関する原因や発生確率など、計量的なデータの十分な蓄積が行われていない。そのため、どのような原因で、どの程度の発生確率で、取り扱いのミスが誘発されているか、といったミスを誘発するリスク評価を実施するなど、実例をふまえた計量的データの蓄積が乏しいのが実態である。今後、地方自治体の事務負担の増加に対する妥当性と受益者負担のあり方を含め、計量的なデータに基づき、適正な対応策を検討すべきである。

なお、地方自治体の個人データに関する漏えい事件の代表的な判例としては、宇治市住民基本台帳データ大量漏えい事件に対する損害賠償訴訟が挙げられる（大阪高判、2001年12月25日、「サイバー法判例解説（別冊NBL（No. 79）」190P）。この事例では、宇治市が行っているシステム開発業務を担当した再々委託先アルバイト学生が、無断で持ち出して名簿業者に売却したことから、住民基本台帳データ（住民番号、住所、氏名、性別、生年月日、転入日、転出先、世帯主名、世帯主との続柄）を約18万件等流出させたことに対して、外部委託先に対する宇治市の管理責任が十分でなかったとして、1人当たり1万5000円（慰謝料10,000円、弁護士費用5,000円）の損害賠償が認められてい

203

る。このように、地方自治体の住民の個人データ流出に関する判例についての実例が蓄積され、判例評釈が可能となっているものの、地方自治体の「世帯」単位による住民の個人データの誤った取り扱いに対する判例は、乏しいのが実態である[48]。

　以上、4つの基本方針をふまえ、地方自治体の個人データの利用と保護対策を実現するため、2つの具体的な提案を提示する。

　第1の提案は、地方自治体の個人データの利用と保護対策を実現するため、地方自治体において、現在の制度ごとに管理している世帯情報に対して、団体内で統一的に管理する仕組みとして「統合世帯情報台帳」を構築することである。

　番号制度の導入に伴い、国は地方自治体に対して、番号制度の個人番号と宛名情報等の団体内統合宛名番号を紐付ける団体内統合宛名システム等の整備を求めている。この団体内統合宛名システムでは、地方自治体の各業務システムの住民の個人データのキーとなる宛名情報等の団体内統合宛名番号と、番号制度の個人番号が紐付けられることになり、地方自治体内で統一的な個人データの管理が可能となることが期待される。そこで、この団体内統合宛名システムと相互連携を図ることで、各業務システムで制度ごとに世帯を設定した世帯情報を、「統合世帯情報台帳」として登録する仕組みを構築すれば、地方自治体全体として統一的に管理することが可能となる（**図表6−5、6−6**）。

　この地方自治体内で統一的な個人データの管理が可能な「統合世帯情報台帳」が構築されることにより、仮に地方自治体の職員による個人データの取り扱いのミスが生じた場合には、他の制度で用いている世帯情報への影響も確認することが可能となる。

　第2の提案は、上記の「統合世帯情報台帳」の構築を前提に、地方自治体の「世帯」単位の個人データの利用範囲や利用実績をわかりやすく住民本人に情報提供する「本人通知制度」の実施である。すでに一部の地方自治体では、住民票の写しや戸籍謄本などを代理人や第三者に交付した場合、希望する本人（事前に市町村への登録が必要）に交付したことを知らせる仕組みとして導入されている。そこで、地方自治体の「世帯」単位による個人データの取り扱い

第6章　地方自治体の個人データの利用と保護対策のあり方

図表6-5　統一的に管理が可能な「統合世帯情報台帳」

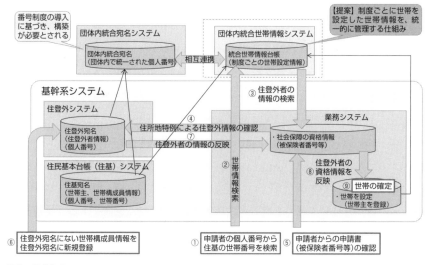

出典：著者作成

図表6-6　「統合世帯情報台帳」の構築イメージ

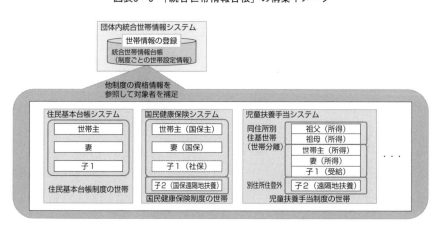

出典：著者作成

205

に対して、住民と地方自治体との情報の偏在（いわゆる「情報の非対称性」）を解消する意味でも、すでに一部の地方自治体で導入が図られている「本人通知制度」に対して、社会保障における給付サービスに関する個人データの利用実績を住民に通知するなど、通知範囲を拡大させることも一案として考えられる（図表6−7）。つまり、これらの仕組みにより、実質的な住民本人が自己の情報をコントロールできる「本人同意」の意思表明を行うことが実現可能となるものと期待できる。

　「本人通知制度」とは、地方自治体が、住民票の写しや戸籍謄本などを代理人や第三者に交付した場合、希望する本人（事前に市町村への登録が必要）に交付したことを知らせる仕組みのことである。また、「本人通知制度」には、不正取得が行われた場合に本人に通知をする「不正請求発覚型」と、事前に登録をした者に、住民票の写し等を第三者に交付した際に通知をする「事前登録型」の2つがあり、地方自治体が条例や要綱等を定め、独自に運用している（図表6−8）。

図表6−7　「本人通知制度」の実施イメージ

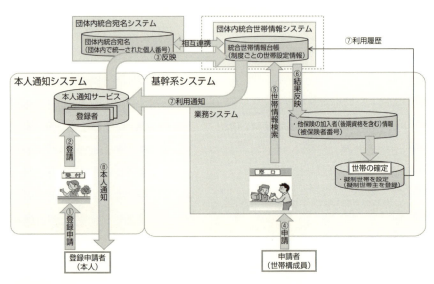

出典：著者作成

第6章　地方自治体の個人データの利用と保護対策のあり方

　この「本人通知制度」は、戸籍謄本や住民票の不正請求・取得を防ぐため、大阪府大阪狭山市で2009年6月から全国の地方自治体に先駆けて導入された。大阪狭山市では、2007年から2008年にかけて委任状を偽造して他人の戸籍謄本などを請求する事件が発生し、3件のうち1件は未遂に終わったが、2件は第三者が他人の戸籍謄本などを不正に取得していたことが判明したため、本制度の導入に踏み切っている。なお、この「本人通知制度」に対して、大阪府の橋下徹知事（当時）が、部落解放同盟大阪府連合会との政策懇談の際、「本人に連絡することが不正入手を防ぐ一番の歯止め」として制度の実施を府内市町村に提案し、市町村での制度化が進んでいる（「産経新聞」［2009/2/24］朝刊）。特に、「本人通知制度」の制度化を強く主張しているのが、特に本籍等で差別を受ける「部落解放団体」である。

　一方、この「本人通知制度」の制度化を強く批判しているのが、弁護士等の士業関係者である。日本弁護士連合会は職務上請求する権利に支障を及ぼすなどの重大な問題として、「戸籍謄本等取得に関する本人通知制度に関する申入書」で、「国レベルの検討がなされるべきであり、地方自治体が独自に制度化すべきではない」と指摘している。

　確かに、この「本人通知制度」に対しては、法務省の「法制審議会戸籍法部会」や、総務省の「住民票の写しの交付制度等のあり方に関する検討会」において、戸籍法や住民基本台帳法改正にあたり、「本人通知制度」についても検討が行われたが、その導入が見送られた経緯がある。例えば、法制審議会戸籍法部会では、戸籍の謄抄本等の交付請求についてのみ全面開示するとの情報公開および個人情報保護に関する法制の例外規律を設けることに対して疑問が出され、さらにその発展的な制度である本人通知制度を設けることについては、請求者の立場や、事務処理上の問題を考慮し、非現実的であると考えられるなどの意見が出され、導入は時期尚早としている[49]。また、総務省「住民票の写しの交付制度等のあり方に関する検討会」においても、さまざまな意見が出された上で、「現時点では特段の規定を設けるべきと結論づけることは困難である」とされている[50]。

　とはいえ、地方自治体では、個人データ保護の対応に対して、国に先駆けて条例制定が行われており、地方自治体の条例制定権は、憲法第94条と地方自治

207

図表6-8 本人通知制度の仕組み（イメージ）

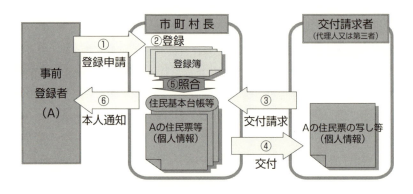

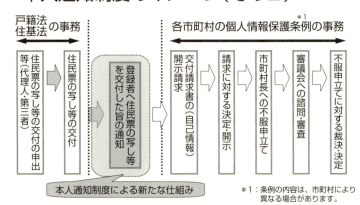

出典：大阪府総務部市町村課行政グループの「本人通知制度」サイト

第6章　地方自治体の個人データの利用と保護対策のあり方

法第14条第1項により、国の法令の範囲内で認められている。つまり、国の法令が規制対象としていない分野に新たに地方自治体が規制対象を法律よりも拡大する、いわゆる「横出し条例」や、国の法令に定められた規制基準を上回り厳しくする、いわゆる「上乗せ条例」についても、国の法令の範囲内であれば認められる[51]ことから、「本人通知制度」においても、個人情報保護条例に規定することや、新たな本人通知制度に関する条例を制定して取り組むことは可能と言える[52]。

このため、地方自治体の「世帯」単位による個人データの取り扱いに対して、住民と地方自治体との情報の偏在（いわゆる「情報の非対称性」）を解消するため、すでに一部の地方自治体で導入が図られている「本人通知制度」に対して、社会保障における給付サービスに関する個人データの利用実績を住民に通知するなど、通知範囲を拡大させることも一案として考えられる。

なお、日本と同様の「世帯」単位で個人データの利用が行われている韓国においても、住民登録票謄・抄本等の交付（発行）に対して、本人以外に交付（発行）した履歴を本人に提供する本人通知制度が導入されている。

しかしながら、すでに導入が行われている大阪狭山市では、「本人通知制度」の登録率自体が低いといった課題が挙げられている。このため、その「本人通知制度」の実施を検討するにあたっては、世帯構成員に対して地方自治体の「世帯」単位による住民の個人データの取り扱いに関する利用範囲や利用実績を知らせる簡易な仕組みを検討すべきであろう。

また、「本人通知制度」の実施と併せて、さらに、アメリカの連邦法の一部や州法で取り入れられている個人データ漏えいの通知法制等を導入することも、有意義な仕組みとして検討に値する。湯淺［2012a］［2012b］が紹介するアメリカの連邦法の一部や州法で取り入れられている個人データ漏洩の通知法制は、住民自らの個人データの漏えい、流出を知りえないというコントロール以前の問題として、「オプトアウト（opt-out）」を実質的に機能させる意味があると考えられる。ただし、これらの仕組みの導入に対しては、地方自治体の煩雑な事務負担の増加が予期される。このため、住民の受益者負担も含めて、地方自治体の新たな事務負担とのバランスを考慮しつつ、適正な仕組みとして

209

検討が求められる。

　なお、これらの2つの提案を実施したとしても、本書の歴史的・分野横断的な分析内容（第2章や第3章）が示す通り、「個人か世帯か」といった議論は、長い歴史と両立しがたい理念の相克の中にあり、世帯主と他の世帯構成員との権利・義務関係の整理等、残された課題も多い。このため、第4の方針で示した計量的な実態調査に基づくデータをふまえて、こうした残された課題の検討を行っていく必要がある。

　その前提として、地方自治体自身の責務として、地方自治体の「世帯」単位による個人データを利用することに対して、住民に個人データがどのように取り扱われているかを説明（証明）することが不可欠である。また、社会保障の給付行政サービスの分野により「世帯」の範囲（捉え方）が異なる実態をふまえ、住民自らが、地方自治体が個人データをどのように利用しているかを認識するため、住民への情報提供を行うことが求められる。つまり、地方自治体の「世帯」単位による住民の個人データの取り扱いに関する利用範囲や利用実績を住民自らが認識し、管理できる仕組みを構築することにより、DV事件等に起因する地方自治体の「世帯」単位による住民の個人データの誤った取り扱いによる問題を未然に防止することが求められる。

　番号法の成立とともに、今後、地方自治体の個人データの利用が拡大されていくことは確実である。このため、上記の4つの基本方針に基づき、2つの具体的な提案を実施することで、地方自治体の「世帯」単位による個人データの利用に対して、「個人」を第一義とした住民本人が自己の情報をコントロールできる仕組みを実現することが可能となるものと思われる。今後、さらに地方自治体の個人データの利用実態に即した具体的な対応策について、探求することとしたい[53]。

注
41　2015年4月3日に施行された番号法は、2015年10月5日に施行され、個人番号（マイナ

第6章　地方自治体の個人データの利用と保護対策のあり方

ンバー）および法人番号の指定や通知等が開始された。また、一部の規定は2016年1月1日とされ、個人番号カードの交付が始まり、番号の利用が開始された。なお、番号制度による個人番号（マイナンバー）を利用し、地方自治体の間での個人データをやり取りする情報連携、および番号制度の導入に併せて新たに構築される個人ごとのポータルサイト「マイナポータル」（https：//myna.go.jp/）は、2017年11月13日から本格運用が開始されている（http://www.soumu.go.jp/menu_news/s-news/01kanbo07_02000001.html）。

42　現在、個人番号（マイナンバー）の利用範囲は、当面、社会保障（年金、医療、介護、福祉、労働保険）、税（国税、地方税）、災害対策の3分野に限定されるものの、利用の推進も併せて規定されている（番号法第3条第2項、第4項、制定附則第6条第1項）。ただし、2015年3月10日に、利用範囲の一部拡大のため、「個人情報の保護に関する法律および行政手続における特定の個人を識別するための番号の利用等に関する法律の一部を改正する法律案」（第189回国会閣法第34号。以下「改正法案」という。）が提出され、同年5月21日には衆議院で可決されたものの、同年6月1日に日本年金機構の個人情報の大量漏えい事故が発生し、次のような修正条件が加えられることで参議院で可決し、2015年9月3日に法律案に参議院で修正があったため衆議院での再可決によって、改正法がようやく成立している。

43　地方自治体の負担は増す一方な実態については、瀧口［2017］を参照のこと。

44　2017年10月20日に法制審議会戸籍法部会で、戸籍事務に番号制度の導入を前提とする検討が開始されている。番号制度が出生や死亡などを一括する個人の身分証明になり得るのであれば、戸籍事務のあり方が問われることとなる。ただし、本籍および親族関係や夫婦関係が記載されている個人情報保護や電子化以前の除籍や改製不適合戸籍の取扱いについて費用面も含めて課題も多く、井戸［2017］が指摘するように地方自治体にとってのメリットを見出しづらいのも実態である。

45　詳細は、瀧口［2017］を参照のこと。

46　日本の単身世帯は、1985年に789万世帯から2005年に1446万世帯へと20年間で2倍近くに急増しており、さらに今後、全人口が減少しても単身世帯は増え続けることが予想されている。

47　2013年4月27日に決定された政権与党である自民党の「日本国憲法改正草案」では、「家族、婚姻等に関する基本原則」とし、第24条に「家族は、社会の自然かつ基礎的な単位として、尊重される。家族は、互いに助け合わなければならない」との条文が追加されている。このことからも、「世帯」単位から「個人」単位に社会福祉のあらゆる分野の制度を改正してくことは、極めて困難であることが想定される。

48　ただし、扶養義務に対する判例は多く存在する。この点は、第2章第3節にて紹介している。

211

49 法務省法制審議会戸籍法部会の審議過程（議事録）において、「戸籍の謄抄本等の交付請求書についてのみ情報公開および個人情報保護に関する法制の例外規律を設けることは現時点では時期尚早である」と整理されている。

50 総務省［2007］によると「住民票の写し等の交付請求書についてのみ個人情報保護および情報公開に関する法制の例外規律を設けることに関しては、さまざまな意見が存在するところであり、現時点では、住民基本台帳法上に特段の規定を設けるべきと結論づけることは困難であると考えられる」と指摘している。ただし、「今日の情報通信技術等の発展とそれに伴う個人情報保護に対する意識の高まりをふまえると、交付請求書の開示については、自らの情報がどのように取り扱われたかを知り得るという観点から重要な論点である」とも指摘している。つまり、将来的な課題として、その意義は認識されているものと思われる。

51 ただし、「上乗せ条例」と「横出し条例」を区別し、後者は一般的に許容されるのに対し、前者は、法律にこれを許容する明示規定がない場合には、法律の趣旨・目的等の考慮が必要となるとするのが一般的であることに留意する必要がある。

52 日本弁護士連合会は、大阪狭山市の取り組みに対して、「条例等の明文ではなく運用のみで対応しようとしていることも問題である」とも指摘している。そのため、すでに篠山市や西脇市などの一部の地方自治体では、個人情報保護条例とは別に「本人通知制度に関する条例」として、立法化している。

53 金井［2018］は、「長期的に家族が崩壊し、さらに地域的移動が激しくなれば、家族を通じた個人把握は、個人番号という個人単位に再編されていくかもしれません。」との展望を述べている。当面、根強い扶養義務を課す世帯単位という考え方から脱却しきれるとは思われないが、社会保障や税制度のモデルとされた「標準世帯」という理想的な家族像から多様な世帯構成が存在しているとの現実社会の実態を直視した個人データの取り扱いが、地方自治体として求められている。

補章

韓国における個人データの保護対策

第1節　韓国における個人データの利用単位
第2節　韓国における個人データの保護対策

補章　韓国における個人データの保護対策

第1節　韓国における個人データの利用単位

大韓民国（以下、韓国）では、2005年2月に憲法裁判所が韓国民法第778条「一家の系統を承継する者、分家した者またはその他の事由により一家を創立したか復興した者は戸主となる」、第781条第1項「子は（中略）父の家に入籍する」、第826条第3項「妻は夫の家に入籍する」の3条項に対して、父系血統主義に立脚した正当な理由なき性差別の制度であるとして違憲判決を出した（趙［2005］）。

このため、2008年、長年にわたって維持されてきた戸主制度および家制度の廃止に関する2005年改正民法がようやく施行され、それに伴い戸籍制度に代わる新たな身分登録制度として家族関係登録簿による個人単位の登録となった「家族関係登録制度」が本格的に稼働し始めた[54]。この根拠法は、前年の2007年に成立した「家族関係の登録等に関する法律（家族関係登録法）」である。

「個人」単位の家族登録制度に移行した最も大きな狙いは、証明の目的別に必要十分な事項のみを証明し、不用意な個人情報の開示あるいは漏洩を防ぐことにある。例えば、親子関係だけを証明する目的で戸籍謄本または抄本を用いると、実子・養子の区別等の不必要な事項まで表示される。目的別身分証明はこのような不都合を避けてプライバシーを保護することができる。つまり、韓国で「個人」単位の家族登録制度に移行した最も大きな狙いは、証明の目的別に必要十分な事項のみを証明し、不用意な個人データの開示あるいは漏洩を防ぐことにある。

基本となるのは、家族関係証明書と基本証明書である。家族関係証明書の目的の例としては、相続手続きにおいて被相続人の証明書から法定相続人を特定することが考えられる。この場合、各相続人の身分事項等不要な項目は記載されないので個人データが保護される。また、基本証明書は旅券手続きにおける国籍の証明が代表的なケースと思われるが、このケースでも婚姻・離婚事項や配偶者・子の有無等不要な事項は記載されない。

このように、韓国では「個人」単位の家族登録制度に移行したものの、社会保障の給付行政サービスに対しては、いまだ「世帯」単位で個人データの利用

215

が行われている。そこで、欧米等の諸外国とは異なり、日本と同様の「世帯」単位で個人データの利用が行われている韓国における個人データの保護対策について検討する。

第2節　韓国における個人データの保護対策

（1）釜山広域市の取り組み

　韓国における個人データの保護対策について、現地でのヒアリング調査等に基づき考察する[55]。韓国では、2013年3月23日に「個人情報保護法」（所管：安全行政省　個人情報保護課）が施行されている。この「個人情報保護法」では、個人情報を手軽に検索できるように一定の規則によって体系的に配列し構成した個人情報の集合物として「個人情報ファイル」を管理している。「個人情報ファイル」には、次のような事項が挙げられる。

- ・法律などに規定されているか情報主体の同意を受け持続的に処理する業務で発生
- ・業務分掌または情報システムによって処理する単位課題水準で発生
    - 例）地方税滞納管理⇒地方税滞納者名簿ファイル
        - 賃貸契約業務⇒契約者ファイル
        - 森林技術人材管理⇒森林資格証管理ファイル
- ・電子的媒体に記録された形態と手書きファイルの全てを含む

　ただし、国家安全、犯罪捜査、公共機関内部業務処理、秘密に分類されたファイル、一回性行事（業務）ファイルなど個人情報保護法第32条、標準指針第54条に該当するファイルは登録除外としている。

　また、この個人情報ファイルの登録時期は、運用し始めた日より60日以内とされている。適用対象は、次の通りであり、すべての公的機関が対象となっている。

- ・中央行政機関（大統領所属機関と国務総理所属機関含む）およびその所属機関、地方自治団体、国家人権委員会
- ・「公共機関の運営に関する法律」による公共機関

補章　韓国における個人データの保護対策

・「地方公企業法」による地方公社および地方公団
・特別法によって設立された特殊法人
・「初・中等教育法」、「高等教育法」およびその他の法律によって設置された各級学校

なお、この個人情報ファイルの登録（変更）手続きとしては、次の通りである。
・各機関の個人情報取扱者が個人情報保護責任者に登録（変更）を申請し、個人情報保護責任者がその内容を検討、適正性を判断した後、承認
・中央部処、広域自治団体、特別自治市道、基礎自治団体は直接登録
・教育庁および各級学校は教育科学技術省を通じて登録
・中央部処および自治体の所属機関、その他公共機関は上位機関を通じて登録

　この「個人情報保護法」施行により、釜山広域市においては、新たな義務措置を行っている。その一つが「住民登録番号代替手段（I-PIN）の提供」である。具体的には、インターネットホームページ会員加入のため本人確認が必要な場合に、必ず代替手段（I-PINなど）を提供することである。すでに釜山広域市本庁および区・郡代表ホームページに導入を完了している（**図表補－1**）。なお、このI-PINとはホームページ会員加入などで使用していた住民登録番号を代替する手段としてインターネット上で使用する「個人識別番号」のことである。
　また、一定規模の個人情報を取り扱う情報システムを構築・運用または変更、連携しようとする場合、個人情報影響評価を5日以内に実施している。影響評価の対象としては、100万名以上の個人情報が含まれた場合が対象となっている（個人情報保護法施行令第35条）。釜山広域市では、2014年には1個の実施を予定している。
　さらに、個人情報の安全性確保措置（行政安全省公示）に基づき、個人情報の固有識別情報、秘密番号、バイオ情報といった暗号化措置を行っている。暗号化の対象は、住民登録番号、旅券番号、運転免許番号、外国人登録番号と

217

図表補-1 釜山広域市本庁および区・郡代表ホームページに導入された代替手段（I-PINなど）

□ホームページ会員加入（釜山広域市画面）

会員加入

ホーム＞利用案内＞会員加入＞会員加入

Step01 実名確認　　Step02 約款同意　　Step03 会員加入　　Step04 会員加入完了

◉ 会員加入 約款

第1条（目的）
＞この約款は釜山広域市（以下「釜山市」という）が提供するウェブサービス（以下「サービス」と言います）の利用において釜山市と会員間の権利義務及び責任事項とその他必要な事項を規定することを本旨とします。

第2条（定義）
＞この約款で使用する用語の定義は次の各号のとおりです。
- 利用者：本約款によって釜山市が提供するサービスを受ける者
- 利用者：釜山市と利用上関連して釜山市会員情報を記入し、本約款に同意してサービス利用契約を完了させる行為
- 加入：釜山市が提供する申請様式に該当情報を記入し、本約款に同意してサービス利用契約を完了させる行為
- 会員：当サイトの会員加入に必要な個人情報（実名確認）を提供したり、釜山市が承認する英数字の組合せ（一つの住民番号に一つのIDだけ利用可能）
- PASSWORD（暗証番号）：会員の情報保護のために利用者自身が設定した英数字の組合せ
- 利用解約：釜山市または会員がサービス利用契約を終了させる意思表示

上記の「会員加入約款」に同意します。□

○個人情報収集・利用案内

◼ 収集しようとする個人情報の項目

釜山広域市役所は、会員加入、円滑な民願相談、各種サービスなど基本的なサービスの提供のための必須情報と合わせサービス提供のための選択情報に区分して下記のような個人情報を収集しています。

▶ 収集項目

＜一般、14歳未満会員、外国人会員加入時＞
- 必須項目：氏名、生年月日、性別、ID、暗証番号、満14歳未満の場合、法定代理人情報
- 選択項目：住所、E メール住所、電話番号、携帯電話番号
※自動収集される情報：サーバー接続記録、通信事実確認情報、会員加入時登録加入料などのために認証センターから発給する認証コードなど

◼ 個人情報の収集・利用目的

▶ 釜山広域市役所は、収集した個人情報を次の目的のために活用します。利用者が提供した全ての情報はサービスす

上記の「個人情報収集・利用案内」に同意します。

次の段階＞　　加入取消

- 5 -

出典：釜山広域市ヒアリング資料

いった固有識別情である。暗号化の基準としては、次の通りである。
・転送時：情報通信網の送受信などの場合、暗号化
・保存時：①暗証番号およびバイオ情報：暗号化保存必須
　　　　　②固有識別情報：外部網では必ず暗号化し、内部網は危険度

218

補章　韓国における個人データの保護対策

分析によって暗号化適用

　そのため、個人情報保存時の暗号化対策として、次のDB暗号化ソリューションを導入し、接続記録の保管（最小6カ月）をしている。
　　　　・外部網：固有識別情報、暗証番号、バイオ情報の暗号化
　　　　・内部網：固有識別情報は、危険度分析によって適用可否決定

　釜山広域市の個人情報保護の管理体系は、機関別に個人情報管理責任官（市個人情報管理責任官）を指定し、当該機関の個人情報保護業務を総括管理している。その上で、個人情報ファイルを保有している部署の長を「分野別責任官」として指定し、個人情報保護関連の実務を遂行するようにする。さらに、個人情報の分野別責任官を含む個人情報を「取り扱う部署長」は、所属職員（個人情報取扱者）が所管業務分野で個人情報を安全に取り扱うように管理・監督している。釜山広域市個人情報ファイル保有現況としては、次の通りである（**図表補－2**）。
　なお、図表補－2の分野にある「民願」とは、韓国の電子政府「民願24」という電子申請サイト（http://www.minwon.go.kr）のことであり、民願人が行政機関に出向くことなく自宅・事務室などどこでも、24時間365日インターネットで必要な民願を案内・申請・閲覧・発行できる民願サービスのことである（**図表補－3、補－4**）。この民願サービスの利用特典としては、計125種に対する手数料の減額（土地（林野）台帳の閲覧・謄本の発行など計64種）および免除（住民登録票謄本・抄本の発行・閲覧など計61種）が挙げられる。
　ただし、こうした民願サービスのサイトを通じた電子申請が普及しているものの、必ずしもすべての行政サービスの手続きが電子化され、受け付けられているわけでもなかったことがヒアリングでは明らかとなった。例えば、自動車登録証再交付申請は民願サービスでも受け付けているが、併せて紙の申請書でも受け付けされている（**図表補－5**）。そのため、個人情報ファイルも、電子だけでなく、多くの紙の申請書も管理対象として管理されている。
　この他、多くの紙の申請書が存在しており、すべての行政サービスの手続きが電子化されているわけではないことが明らかとなった。

219

図表補－2　釜山広域市個人情報ファイル保有現況

通番	分野	ファイル名	備考
1	建築住宅	住宅管理士（補）資格証交付、更新、再交付処理台帳ファイル	
2	建築住宅	建築士業務の申告廃業変更ファイル	
3	建築住宅	建築士業務の申告、変更、再交付処理	
4	顧客支援	釜山地域生涯学習情報システム個人情報ファイル	
5	教育支援	釜山人材開発院講師テーブル	
6	教育支援	釜山知識ネットワーク知識人情報ファイル	
7	教育支援	東南圏専門家情報システム専門家ファイル	
8	交通	自家用、事業用抵当登録	
9	交通	自家用抹消申請	
10	交通	移転登録申請	
11	交通	差押および差押解除嘱託書類	
12	交通	新規登録申請管理	
13	交通	事業用登録	
14	交通	変更登録申請書類	
15	交通	リース登録	
16	交通	登録証／登録原簿申請書類	
17	交通	建設機械登録	
18	交通	交通情報システムセンターホームページ会員名簿	
19	交通	釜山広域市乗用車曜日制管理システム会員情報	
20	交通	住居地専用駐車場管理	
21	交通	バス専用車線違反車両管理	
22	その他	プール会員管理ファイル	
23	その他	共有財産使用許可	
24	その他	按摩師	
25	団体管理	青少年法人、団体登録許可管理、登録証交付	
26	文化	市立美術館メーリングサービス申請者管理	
27	文化観光	音盤音楽映像物製作（配給）業台帳	
28	文化観光	メーリングサービス申請者管理	
29	民願	釜山広域市市道行政情報システムインターネット民願相談	
30	民願	電気関連業管理	
31	民願	厳弓農産物卸市場中卸業許可民願ファイル	
32	民願	厳弓農産物卸市場民願（中卸業）	
33	民願	厳弓農産物卸市場収納管理ファイル	
34	民願	厳弓農産物卸市場書式民願処理ファイル	

補章　韓国における個人データの保護対策

35	民願	厳弓農産物卸市場共有財産使用許可民願ファイル	
36	民願	一般都市ガス事業許可台帳	
37	民願	昇降機維持管理業台帳	
38	民願	石油販売業台帳	
39	民願	鉱業管理台帳	
40	民願	高圧ガス検査機関指定台帳	
41	民願	計量器製作業登録台帳	
42	福祉女性	社会福祉法人	
43	福祉女性	葬祭ディレクター資格証発給管理	
44	福祉女性	介護福祉士資格証発給管理	
45	歳入	サイバー地方税庁会員管理	
46	歳入	サイバー地方税庁地方税税外収入賦課収納	
47	歳入	サイバー地方税庁納付者ファイル	
48	水産	水産調停委員会	
49	住宅支援	公認仲介士資格証管理	
50	地籍	韓国土地情報システム会員情報	
51	地籍	土地（林野）台帳ファイル	
52	行政支援	釜山広域市顧客管理システム顧客情報	
53	ホームページ	釜山広域市ホームページ会員名簿	
54	ホームページ	釜山広域市イベント統合ホームページ抽選対象者名簿	
55	ホームページ	釜山広域市市民ウェブメール会員情報	
56	ホームページ	住民自治会ホームページ会員情報ファイル	
57	ホームページ	釜山知識ネットワークホームページ会員情報ファイル	

出典：釜山広域市ヒアリング資料

図表補-3　民願サービス現況

区　分	主要内容
民願案内	・法律に規定されている全ての民願に対して処理機関・処理期限・手数料・必要書類・連絡先などを案内するサービス（転入申告など5,000余種
民願申請	・転入申告など民願をオンラインで申請できるサービス（3,000余種）
インターネット発行民願	・必要民願をインターネットで申請、プリンタで出力し直ぐ発行してもらえるサービス（住民登録謄本・抄本など1,208余種）
インターネット閲覧民願	・必要民願をインターネットで画面閲覧できるサービス ・（開発住宅価格確認願など22種）
生活民願一括サービス	・日常生活の中で発生する多数の生活民願をインターネット上で、1回で処理できるようにまとめて提供するサービス（引越し民願など20余種）
どこでも民願	・インターネットを通じて民願を申請し、近くの公共機関を訪問して便利に民願を処理できるサービス（大学卒業証明など290余種）
付加サービス	・住民登録証および各種民願書類（印鑑証明書、本人署名事実確認書など）の真偽確認、モバイル（スマートフォン）を活用した民願サービス提供、外国語案内、障害者支援など

出典：釜山広域市ヒアリング資料

図表補-4　民願サービスのサイト

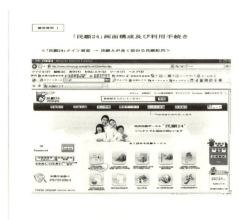

出典：釜山広域市ヒアリング資料

222

補章　韓国における個人データの保護対策

図表補－5　自動車登録証再交付申請の申請書

[別紙第5号書式]〈改訂2008.7.10〉

自動車登録原簿謄本（抄本）交付・閲覧申請書

第　　　号

自動車	登録番号（車台番号）			
	使用本拠地			
自動車所有者の氏名（名称）			自動車所有の 住民登録番号	
申請内容	交付	甲部（　　）部，　　　乙部（　　）部		
	閲覧	甲部（　　）部，　　　乙部（　　）部		
用途				

「自動車管理法」第7条第4項及び「自動車登録規則」第10条・第12条第1項によって上記のように申請します。

年　　　月　　　日

申請人　住　　　所

氏　　　名　　　　　　　　　　　　（署名または印）

住民登録番号

※　具備書類：なし

※　申請案内

申請場所	市・道または市・郡・区	処理期間	即時
手数料 （収入印紙）	・交付：1件当300ウォン 　－他市・道に登録された自動車の場合には1件当1千ウォン追加 ・閲覧：1件当100ウォン 　－他市・道に登録された自動車の場合には1件当800ウォン追加		

○　自動車登録原簿謄本（抄本）は、申請書の内容を全て記載しなければ交付されません。但し、自動車所有者の住民登録番号は記載しなければなりません。申請人が自動車所有者の住民登録番号を記載しなかった場合には、自動車登録原簿謄本（抄本）の交付時、自動車所有者の個人情報を保護するために自動車所有者の住民登録番号の後ろ6桁を表記しません。

○　自動車登録原簿は申請書の内容を全て記載しなければ閲覧できません。但し、自動車所有者の住民登録番号は記載しなくても構いません。申請人が自動車所有者の住民登録番号を記載しなかった場合には自動車登録原簿閲覧時、自動車所有者の個人情報を保護するために自動車所有者の住民登録番号の後ろ6桁を隠します。

○　自動車登録原簿の閲覧は、「自動車登録規則」第12条第2項によって登録官庁の担当公務員が目の前でしなければなりません。

出典：釜山広域市ヒアリング資料

（2）海雲台区の取り組み

　釜山広域市の下部行政機関（日本でいう政令指定都市の区役所に相当）の海雲台区では、釜山広域市での取り組みと同様に、個人情報保護ファイルを作成し、管理している（**図表補－6**）。

　なお、海雲台区では、地域内にCCTVという、いわゆる監視カメラが設置されており、別途「海雲台区のCCTV設置・運営規定（2011.8.3）」が制定されている（**図表補－7**）。

　海雲台区では、これまでの個人情報保護推進の取り組みとして、個人情報保護方針の整備およびホームページ掲載（1月）、2012年個人情報推進計画の樹立および施行（5月）、個人情報および保安業務の指導点検（2010年8月〜2010年10月、全部署）、個人情報ファイルの一斉整備（3月、10月、全部署）などを挙げている。

　さらに2013年推進計画として、個人情報保護の管理体系や個人情報保護の技術的・管理的安全対策等が示されている。その中でも着目すべきなのが、権益保護として、個人情報の流出時、5日以内に情報主体に流出事実を通知することや、閲覧、訂正・削除、処理停止要求時10日以内に措置が掲げられている点である。その上で、海雲台区のメインホームページ内の申告掲示板（区民広場

図表補－6　海雲台区の個人情報保護ファイル保有現況（2013.3.31基準）

17分野710個18,308,694件	
内訳	建築：189,947件、道路交通：833,243件、文化：2,883件、民防衛：58,901件、
	法制：138件、保険：552,559件、上下水道：2,201件、水産：850件、女性：996件、
	衛生：36,859件、委員会：205件、地域開発：76件、地域産業：8,402件、
	行政：4,172,856件、ホームページ：20,261件、環境：151,156件、その他：12,393,361件

出典：海雲台区ヒアリング資料

図表補－7　海雲台区内のCCTV現況（2013年3月31日現在）

計	犯罪予防	施設安全および火災予防	交通取締り
206	89	91	26

出典：海雲台区ヒアリング資料

補章　韓国における個人データの保護対策

⇒個人情報侵害申告）や区の受付窓口が「個人情報侵害申告窓口」として設置され、個人情報侵害被害救済に当たっているのである。

このため、個人情報保護の実態調査として、個人情報の利用・提供現況、個人情報の侵害事例の摘発および処理現況、個人情報ファイルの管理現況の個人情報管理実態点検（年2回）、個人情報処理段階別の義務事項遵守可否、個人情報関連台帳の整理および運営状況の個人情報処理実態点検（年1回）、部署管理者用画面で所属職員のPC内個人情報含むファイル管理状態確認等のPC内個人情報含むファイル管理実態点検（月1回）等が徹底して行われていた。

海雲台区では、日常業務で取り扱っている代表的な申請手続きの種類として、オフライン（申請書を通じた書面収集）、オンライン（民願24）、無人民願発行機を通じた直接申請、代理人の委任を通じた申請等が挙げられていた。その際、日常業務で取り扱う申請者本人の個人情報の種類として、謄本、抄本、家族関係証明書等、申請者世帯（家族）の個人情報の種類として家族関係証明書、出生届等が挙げられていた。

また、必要な申請者本人または世帯（家族）の個人情報の入手方法として、申請書の作成（紙文書またはインターネット）が挙げられており、その際、本人または世帯（家族）の同意を取得している。

韓国でも「世帯」単位で個人データの利用が行われているが、例えば社会保障の給付サービスに対しては、あらかじめ「社会福祉サービスおよび手当提供（変更）申請書」を提出することになっている。この申請書では、申請人の範囲が示されており（**図表補−8**）、「申請人」に対して「家族事項」と「扶養義務者（①受給権者の1親等の直系血族、②受給権者の1親等の直系血族の配偶者）」を記載するようになっている。

その上で、「金融情報等（金融・信用・保険情報）提供同意書」では、福祉対象者世帯世帯主および金融情報等提供同意者（福祉対象者または扶養義務者）全員の署名もしくは捺印を求めている。つまり、世帯構成員全員の同意を求めているのである。

また、海雲台区では、申請者の世帯（家族）の個人情報を取り扱う場合に感じる点として、申請書類発行時に、家族の住民登録番号をすべて表示してよいかどうかを挙げていた。このことは、日本でも番号制度の本格的な導入時に、

225

図表補-8 韓国の「社会保障サービスおよび手当提供（変更）申請書」における申請人の範囲

		申請人の範囲
共通		・ 本人、家族、親族（配偶者、8親等以内の血族、4親等以内の姻戚）、社会福祉担当公務員およびその他の関係人
その他の関係者	基礎生活保障、基礎老齢、一人親家族支援	・ 後見人、補償施設の長（ひとり親家族支援の場合補償施設従事者、保護対象者子女が在学している学校の教師含む）
	乳幼児保育・幼児学費初・中・高学生教育費	・ 後見人、乳幼児、学生を事実上保護している者
	障害者福祉	・ 障害者を保護している障害者福祉施設の長、障害者を事実上保護している者、その他保健福祉省大臣が定める利害関係者
	障害者活動支援	・ 市長・郡守・区長が指定した者
	青少年支援	・ 青少年保護者、青少年相談者、「青少年基本法」第3条第7号による青少年指導者「社会福祉事業法」第11条による社会福祉士、その他の保健福祉省大臣が定める関係者
	地域社会サービス投資事業（バウチャー）	・ 後見人

出典：海雲台区ヒアリング資料

同じ課題に直面することになると考えられる。

　さらに、住民登録票謄・抄本等の証明交付に対しても、「住民登録法施行令」第47条第6項と同法施行規則第13条第0項および第10項により、「住民登録謄・抄本発行通報システム」を申請することが可能となっている（**図表補-9**）。

　具体的には、本人以外の利害関係人に交付した場合に限り、申請人が申請書に指定した連絡先（携帯電話番号または住所）に携帯電話文字、または一般郵便で住民登録票謄・抄本発行事実が通報される。このことから、本人以外の利害関係人（家族を含む）に住民登録票謄・抄本を発行した事実の通知を受けと

226

補章　韓国における個人データの保護対策

図表補−9　「住民登録謄・抄本発行通報システム」の申請書（翻訳版）

【別紙第14号の2書式】

住民登録票謄・抄本発行通報サービス(□申請書　　□変更申請書　　□撤回申請書)		

＊下記の留意事項を良く読み、太線の内側の事項だけに記載してください。

申請人	氏　名		住民登録番号	
	住　所	(〒　　−　　　)		
	携帯電話番号		− 　　　　　 −	
申　請 サービス	□郵便		□携帯電話文字転送(SMS)	

「住民登録法施行令」第47条第6項と同法施行規則第13条第0項及び第10項によって住民登録謄・抄本発行通報システムを□申請、□変更申請、□撤回申請します。

年　　　月　　　日

申請人：　　　　　　　　　　　（署名または印）

邑長・面長・洞長または出張所長　　　殿

〈留意事項〉

1. 「申請人」は印鑑を押す代わりに署名をすることもできます。
2. 住民登録票謄・抄本発行通報サービスは居住地の邑・面事務所または洞住民センターで本人が申請すれば、利用することができ、利用を変更または撤回することができます。
3. 申請人が申請書に指定した連絡先(携帯電話番号または住所)に携帯電話文字または一般郵便で住民登録票謄・抄本発行事実が通報されます。
4. 「住民登録法」第29条第2項第2号及び第6号によって住民登録票謄・抄本を利害関係人に交付した場合だけその事実が本人に通報されます。
5. 携帯電話文字転送(SMS)サービスは本人が申請した個人携帯電話に通報しますので、文字到着如何に対しては行政庁は責任がありません。住民登録票謄・抄本交付機関の事情によっては携帯電話文字が通報されないこともあります。
6. この申請書に記載した個人情報は住民登録票謄・抄本の発行事実を通報する用途だけに使用され他の用途に使用することはありません。

＊住民登録票謄・抄本発行内容はインターネットG4C(www.egov.go.kr)からでも確認できます。

出典：海雲台区ヒアリング資料

　ることができる。つまり、韓国では、住民登録票謄・抄本等の交付（発行）に対して、本人に対する通知制度を導入し、本人以外に交付（発行）した履歴を本人に提供する仕組みが導入されているのである（**図表補−10**）。

　このことは、日本の地方自治体で「世帯」単位で個人データの利用が行われていることに対する保護のあり方を示唆するものと思われる。

227

図表補-10　住民登録票謄・抄本発行通報サービス（本人通知制度）の仕組み

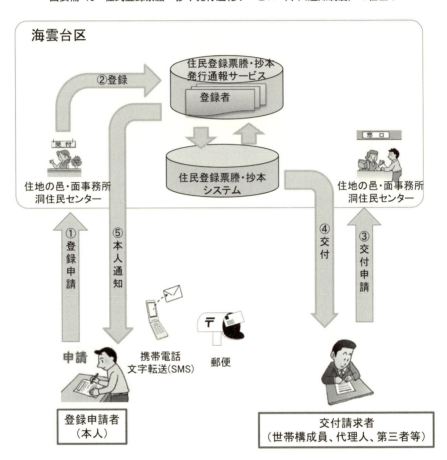

出典：海雲台区ヒアリングより著者作成

注

54　この経緯については、NPO法人東アジア国際ビジネス支援センター（EABuS）［2012］年を参考とした。

55　現地調査は、2013 年 8 月 30 日午前、釜山広域市情報担当室 Kim, Yeoung, Kang,

補章　韓国における個人データの保護対策

Ho-Young、Rew,Jong-Hoe（敬称略）、午後、海雲台区Kin, Jeong Ha、Kim, Ki Wook（敬称略）の各担当者に対して、ヒアリングを行った。

参考文献

浅野一弘［2010］『地方自治をめぐる争点』同文舘出版

浅野一弘［2004］『現在地方自治の現状と課題』同文舘出版

我妻栄編［1956］『戦後における民法改正の経過』日本評論新社

渥美由喜、瀧口樹良［2006］「個人情報保護法の施行に伴う介護事業者の課題」『FRI研究レポート（No.268）』株式会社富士通総研経済研究所

石井夏生利、瀧口樹良、豊田充［2011］「行政サービス・ワンストップ化に不可欠な行政の共通番号に基づく"世帯単位"の情報の取扱いに対する市民の合意形成を可能とする個人情報保護対策に関する実証的研究」『電気通信普及財団研究調査報告書（No.26）』電気通信普及財団

石井夏生利、瀧口樹良、豊田充［2012］「行政サービス・ワンストップ化に不可欠な行政の共通番号に基づく"世帯単位"の情報の取扱いに対する市民の合意形成を可能とする個人情報保護対策に関する実証的研究（継続）」『電気通信普及財団研究調査報告書（No.27）』電気通信普及財団

礒崎初仁編著［2004］『政策法務の新展開』ぎょうせい

礒崎初仁［2012］『地方自治体政策法務講義』第一法規

稲葉剛［2013］『生活保護から考える』岩波書店

井戸まさえ［2017］『日本の無戸籍者』岩波書店

岩手県総務部法務学事課情報公開担当［2012］「被災者支援を目的とした個人データの利用および提供について」（http: //ftp. www. pref. iwate. jp/view. rbz?nd=4462&of=1&ik=1&pnp=4460&pnp=4462&cd=39341）

宇賀克也［2009］『個人情報保護の理論と実務』有斐閣

宇賀克也［2010］『個人情報保護法の逐条解説（第3版）』有斐閣

宇野正道［1981］「明治期における世帯概念の登場」『家族史研究4　日本における近代家族への胎動』大月書店

宇山勝儀［2006］『新しい社会福祉の法と行政　第4版』光生館

大阪府総務部市町村課行政グループの「本人通知制度」サイト（http://www.pref. osaka.lg.jp/shichoson/jukiseido/honnintuti.html）

太田哲二［2006］『家計を守る「世帯分離」利用術』中央経済社

太田哲二 ［2013］『「世帯分離」で家計を守る』中央経済社

大村敦志 ［2010］『家族法　第3版（有斐閣法律学叢書）』有斐閣

岡田千秋「公的扶助法と親族扶養義務—生活保護法とその運用をめぐって—」［2002年11］『社会関係研究（第9巻第1号）』熊本学園大学

岡本正、山崎栄一、板倉陽一郎 ［2013］『自治体の個人情報保護と共有の実務—地域における災害対策・避難支援—』ぎょうせい

於保不二雄・中川淳編 ［1994］『新版　注釈民法〈25〉親族5〈有斐閣コンメンタール〉』有斐閣

加賀市サイト「ひとり親家庭医療費助成とは（制度の説明）」（http://www.city.kaga.ishikawa.jp/article/ar_detail.php?ev_init=1&arm_id=301-0061-6003）

小笠原美喜 ［2003］「住基ネットの第2次稼働—論点整理と地方自治体の動向—」『調査と情報（第432号（NOV.21.2003）』国立国会図書館

金井利之 ［2018］『行政学講義—日本官僚制を解剖する—』筑摩書房

川口市 ［2010］「川口市からみた社会保障・税に関わる番号制度について」『社会保障・税に関わる番号制度に関する検討会（第5回）』資料3

木佐茂男、田中孝男 ［2012］『地方自治体法務入門　第4版』ぎょうせい

北見市 ［2014］『北見市ワンストップサービス推進計画』（http://www.city.kitami.lg.jp/docs/2014050700047/files/kitamicity_onestopservice_plan.pdf）

北本市サイト（http://www.city.kitamoto.lg.jp/shisei/news/teigaku_kyufu.htm）

「共同通信」［2011/2/21］（http://www.47news.jp/CN/201102/CN2011022101000898.html）

「共同通信」［2005/9/2］（http://www.47news.jp/CN/200509/CN2005090201003154.html）

「共同通信」［2013］「【逗子ストーカー殺人】市職員、気付かず情報漏えいか　巧みなうそ、隙を突く」（http://www.47news.jp/47topics/e/247443.php）

クロサカ　タツヤ ［2012］「法制度面から見たビッグデータ時代のプライバシー問題［海外動向2］相次ぐプライバシー分野の施策」（http://itpro.nikkeibp.co.jp/article/COLUMN/20120425/393440/）

小泉真由子 ［2015］「第1回　個人情報保護法ってひとつじゃなかったのか！」『鈴木正朝先生に訊く！「個人情報保護法制2000個問題」ってなんですか？』EnterpriseZine（https：//enterprisezine.jp/iti/detail/7028）

厚生労働省の提出資料（http://www.kantei.go.jp/jp/singi/syakaihosyou/dai15/15siryou4.pdf）

河野正輝、阿部和光、増田雅暢、倉田聡（編集）［2008］『社会福祉法入門　第2版』

有斐閣

小林成隆・西川　義［2009］「後期高齢者医療制度の混乱をめぐって～個人と世帯の
　　視点から検証～」『名古屋文理大学紀要　第9号　17-27』名古屋文理大学（http:
　　//www.nagoya-bunri.ac.jp/information/memoir/2009/2009_03.pdf）

木下敏之［2007］「IT・住基ネット（住民番号）を利用した地方行革の研究（案）」
　　東京財団（http://www.tkfd.or.jp/admin/files/kinoshita.it.pdf）」

木下敏之、瀧口樹良［2007］「住民をたらい回しにしない市役所窓口の実現に向けて
　　―自治体アンケートの分析結果から」『FRI研究レポート（No.291）』株式会社富士
　　通総研経済研究所

熊本市「支給申請書兼利用者負担額減額・免除等申請書」（http://www.city.
　　kumamoto.　kumamoto.　jp/Content/web/upload/file/Bun_33316_2101sinnseisyo.
　　pdf）

厚生省社会局長［1963］「生活保護法による保護の実施要領について」（社発第246
　　号、厚生省社会局長通知）

厚生労働省［2000］「賦課単位（世帯・個人）等について」介護保険料検討会第5回
　　資料

厚生労働省［2009］「生活保護問答集について」（厚生労働省事務連絡）

厚生労働省社会・援護局保護課［2011/6/28］「諸外国の公的扶助制度の比較」『資料
　　1　第2回部会等における委員の依頼資料』第3回社会保障審議会生活保護基準
　　部会

厚生労働省［2012a］「平成24年版厚生労働白書―社会保障を考える―」（http:
　　//www.mhlw.go.jp/wp/hakusyo/kousei/12/）

厚生労働省保険局長［2012b］「国民健康保険法施行規則および高齢者の医療の確保
　　に関する法律施行規則の一部を改正する省令等の施行について（保発0120第2
　　号）」厚生労働省

河野正輝、阿部和光、増田雅暢、倉田聡　編［2010］『社会福祉法入門　第2版』有
　　斐閣

国家戦略室「社会保障・税に関わる番号制度に関する検討会（第5回）」（http://sv1.
　　npu.go.jp/policy/policy03/archive07_05.html）

財務省主計局［2009］「選挙執行委託費」『予算執行調査資料（総括調査票）』

「産経新聞」［2009/2/4］朝刊

「時事通信」［2011］（http://www.jiji.com/jc/c?g=soc_30&k=2011021001071）

「社会保障体制の再構築（勧告）～安心して暮らせる21世紀の社会をめざして～」
　　［1995年7月4日］『社会保障制度審議会勧告（通称：95年勧告、会長：隅谷三喜

男)」（http://www.ipss.go.jp/publication/j/shiryou/no.13/data/shiryou/souron/21.pdf）

消費者庁「個人データの保護」サイト（http://www.caa.go.jp/seikatsu/kojin/houtaikei.pdf）

「週刊金曜日」［2010/6/29］（http://www.kinyobi.co.jp/kinyobinews/?p=200）

下野新聞［2012/7/8］「県内・災害弱者避難計画　個別策定8市町のみ　対象者「同意」が壁に」（http://www.shimotsuke.co.jp/news/tochigi/local/news/20120707/821873）

独立行政法人　情報処理推進機構（IPA）セキュリティセンター［2010］「eIDに対するセキュリティとプライバシーに関する認知と受容の調査報告書」（http://www.ipa.go.jp/security/economics/report/eid201008.html）

雑賀美津枝［1978］「家族制度の変遷と教育」『教育学雑誌（第12号）』日本大学教育学会

鈴木正朝［2010］「第2章　個人情報保護法とプライバシーの権利―『開示等の求め』の法的性質」、堀部政男編著『プライバシー・個人情報保護の新課題』商事法務、p.61-92

鈴木正朝［2012］「インターネット、スマートフォンをめぐる個人データ保護制度の動向と課題」『日本データ通信187号』p.15-19

菅野耕毅［2009］『新版　図説家族法　第2版』法学書院

総務省［1967/10/4］「住民基本台帳事務処理要領」

総務省［2007］「住民票の写しの交付制度等のあり方に関する検討会報告書」

総務省［2011］「災害時における情報通信の在り方に関する調査結果」（http://www.soumu.go.jp/menu_news/s-news/01tsushin02_02000036.html）

総務省消防庁［2011］「災害時要援護者の避難支援対策の調査結果」（http://www.fdma.go.jp/neuter/topics/houdou/h24/2407/240703_1houdou/01_houdoushiryou.pdf）

総務省サイト（http://www.soumu.go.jp/main_content/000014735.pdf）

総務省自治行政局地域情報政策室［2017a］「個人情報保護条例の現状と総務省の取組」規制改革推進会議投資等WG資料、平成28年11月21日

総務省自治行政局地域情報政策室［2017b］『地方自治情報管理概要』平成29年3月

総務省大臣官房地域力創造審議官［2017c］「個人情報保護条例の見直し等について（通知）総行情第33号」2017年5月19日

瀧口樹良［2005］「自治体のITアウトソーシングと個人情報保護に関する課題と方策」『FRI研究レポート（No.234）』株式会社富士通総研経済研究所

234

瀧口樹良［2007］「自治体の情報セキュリティ・個人情報保護対策としての外部委託先への管理監督に関する対応策に向けて」『FRI研究レポート（No.292）』株式会社富士通総研経済研究所

瀧口樹良［2014］「災害時を想定した地方自治体の個人情報の取り扱いについて」『日本セキュリティ・マネジメント学会誌（第28巻第1号）』日本セキュリティ・マネジメント学会、p.3-15

瀧口樹良［2014］「地方自治体における住民の個人データの利用と保護のあり方‐世帯単位による個人データの利用実態に着目して‐（博第26号）」情報セキュリティ大学院研究科専攻（博士論文）

瀧口樹良［2015］「番号制度の導入を踏まえた地方自治体の個人データの利用と保護対策のあり方―世帯単位による個人データの利用実態に着目して―」『Nextcom公益事業と競争（22号）』KDDI総研、p.44-55

瀧口樹良［2017］『迷走する番号制度―自治体の現場から見た課題―』時事通信出版局

田中孝男・木佐茂男［2004］『テキストブック自治体法務』ぎょうせい

田中香津奈［2005］かづな先生の保険ゼミ「社会保障制度〜介護制度のしくみ〜」（http://www.fp-kazuna.com/insu/social/61.html）

地方税事務研究会（編）［2008］『新版　事例解説　地方税とプライバシー』ぎょうせい

中央法規出版編［2014］『社会保障の手引　平成26年版　施策の概要と基礎資料』中央法規出版

中央法規出版編［2013a］『生活保護手帳　2013年度版』中央法規出版

中央法規出版編［2013b］『生活保護手帳　別冊問答集　2013』中央法規出版

趙慶済［2005］「2005年2月3日戸主制憲法不合致決定に関して」『立命館法学（302号）』2005年4号　立命館大学、p.36-95

『判例地方自治　265号』［2005/07］ぎょうせい

戸政佳昭［2000］「〈研究ノート〉ガバナンス概念についての整理と検討」『同志社政策科学研究』2（1）、p.307-326

「鳥取県地方自治体代表者会議・鳥取県地方分権改革推進連盟の提言」（http://db.pref. tottori. jp/DemandToGov. nsf/da6b5796e5d36f11492571f100229ad4/42839b0e720bab7f4925750f00219aca/$FILE/04%20setai-arikata.pdf）

東京都市町村戸籍住民基本台帳事務協議会（編さん）［2008a］『住民記録の実務　7訂版』日本加除出版

東京都市町村戸籍住民基本台帳事務協議会（編さん）［2008b］『初任者のための住民

基本台帳事務　6訂版』日本加除出版

新川達郎［2011］『公的ガバナンスの動態研究―政府の作動様式の変容（同志社大学人文科学研究所研究叢書)』ミネルヴァ書房

内閣官房社会保障改革担当室「社会保障・税番号制度」(http://www.cas.go.jp/jp/seisaku/bangoseido/)

内閣官房［2013］「平成25年度全国担当者説明会・研修会」における「社会保障・税番号制度説明資料」

内閣府消防防災ページ「災害時要援護者対策」(http://www.bousai.go.jp/taisaku/hisaisyagyousei/youengosya/index.html)

内閣府「災害対策基本法等の一部を改正する法律案」(http://www.bousai.go.jp/taisaku/hourei/kaisei_hourei.html)

中川善之助編［1955］『家族』有斐閣

中川善之助［1969］『家族法研究の諸問題』勁草書房

中邨章［2003］『自治体主権のシナリオ―ガバナンス・NPM・市民社会』芦書房

名古屋市「共通番号および国民IDカード制度問題検討名古屋市委員会意見書」(http://www.city.nagoya.jp/shiminkeizai/page/0000019547.html)

夏井高人、新保史生［2007］『個人情報保護条例と地方自治体の責務』ぎょうせい

西垣通［2004］『基礎情報学：生命から社会へ』NTT出版

西垣通［2005］『情報学的転回―IT社会のゆくえ』春秋社

西垣通［2013］『集合知とは何か：ネット時代の「知」のゆくえ』中公新書

西村健一郎［2014］『社会保障法入門』有斐閣

日本行政学会編［2004］「ガバナンス論と行政学」『年報行政研究』39号、ぎょうせい

日経新聞［2012/12/25］「『災害弱者』避難、誰が手助け　個別計画作成に地方自治体苦戦」(http://www.nikkei.com/article/DGXNZO49963260V21C12A2CC1000/)

日本障害フォーラム（JDF）［2013］「災害時における障害者等の支援に関する要望」(http://www.dinf.ne.jp/doc/JDF/demand/20130118.html)

日本弁護士連合会［2010］「税と社会保障共通の番号」制度創設に関する意見書」(http://www.nichibenren.or.jp/ja/opinion/report/100819.html)

日本弁護士連合会［2009］「戸籍謄本等取得に関する本人通知制度に関する申入書」

日本弁護士連合会［2011］「災害時要援護者および県外避難者の情報共有に関する意見書」(http://www.nichibenren.or.jp/library/ja/opinion/report/data/110617_3.pdf)

日本住民票振興会「住民票ガイド」(http://住民票.com/)

野村総合研究所［2011］「東北地方太平洋沖地震に伴うメディア接触動向に関する調査（概要）」（http://www.nri.co.jp/news/2011/110329.html）

長谷川幸一［2017］「地方公共団体の個人情報保護制度の調整手法の検討―個人情報保護法制2,000個問題の解消に向けて―」『情報ネットワーク・ローレビュー　第15巻』情報ネットワーク法学会

浜田章作［2004］「戦後家族法の出発点（2）―民法改正過程における「家」の論理と諸相―」『鳥取短期大学研究紀要（第49号）』鳥取短期大学、p.31-43

林紘一郎［2005］「『秘密』の法的保護と管理義務：情報セキュリティ法を考える第一歩として」『FRI研究レポート』富士通総研経済研究所　No.243、2005年10月

林紘一郎［2009］「『個人データ』の法的保護：情報法の客体論・序説」『情報セキュリティ総合科学（第1号）』p.67-109、情報セキュリティ大学院大学

林紘一郎［2010］「著作権（著作物）とProperty，Property Rule，そしてProperty Theory」『アメリカ法』2010-1、日米法学会

林紘一郎［2011a］「情報法の客体論：『情報法の基礎理論』」への第一歩」『情報通信学会誌』Vol. 29, No. 3

林紘一郎［2011b］「シャノンからグーグルへ―ある法学者の独り言―」『CIAJ JOURNAL』2011年3月号

林紘一郎［2012］「PrivacyとPropertyの微妙なバランス：Post論文を切り口にしてWarren and Brandeis論文を読み直す」『情報通信学会誌』Vol.30, No.3

林紘一郎［2013a］「ITリスクに対する社会科学統合的接近」佐々木良一（編著）『ITリスク学：情報セキュリティを超えて』共立出版

林紘一郎［2013b］「『個人データ保護』の法益と方法の再検討：実体論から関係論へ」『情報通信学会誌』Vol.31、No.2

林紘一郎［2014］「セキュリティを管理する：法学的アプローチの役割と限界」『日本セキュリティ・マネジメント学会誌』Vol.27、No.3

林紘一郎・鈴木正朝［2008］「情報漏洩リスクと責任―個人情報を例として―」『法社会学』第69号

林紘一郎・田川義博［2012］「『心地よいDPI（Deep Packet Inspection）』と『程よい通信の秘密』」『情報セキュリティ総合科学（第4号）』、p.3-52、情報セキュリティ大学院大学

原田泉（編）［2009］『国民ID　導入に向けた取り組み』NTT出版

NPO法人　東アジア国際ビジネス支援センター（EABuS）［2012］『官民共通認証基盤検討部会　中間報告書』NPO法人　東アジア国際ビジネス支援センター

日下部福代子［2006］「女性の年金，世帯単位から個人単位へ - 第3号被保険者制度

の問題を中心に‐」『跡見学園女子大学マネジメント学部紀要（第4号）』跡見学園女子大学、p.1-7

藤野剛士［2000］『図解でわかる　個人情報保護』日本能率協会マネジメントセンター

藤代裕之［2011］「ソーシャルメディアの登場で風評の広がり方が変わった」宣伝会議814号、p.28-30

平田厚［2005］『家族と扶養―社会福祉は家族をどうとらえるか』筒井書房

平松毅［2010］『個人データ保護―理論と運用』有信堂高文社

藤森克彦［2010］『単身急増社会の衝撃』日本経済新聞出版社

富士見市「支給申請書兼利用者負担額減額・免除等申請書」（http://www.city.fujimi.saitama.jp/25kenko/05syougaisya/jiritsu/files/kaigokyuuhusinseisyo.pdf）

毎日新聞［2011］「東日本大震災：視覚障害、機器届かず　宮城県が情報提供拒否「個人データ保護」（http://mainichi.jp/life/health/fukushi/news/20110420dde003040060000c.html）

牧野英一［1954］『家族生活の尊重』有斐閣

牧園清子［1999］『家族制度としての生活保護』法律文化社

牧園清子［2013］「生活保護受給者の世帯と扶養―保護の実施要領を中心に―」『松山大学論集（第25巻第4号）』（2013年10月発行）松山大学

三上直之［2011］「専門家の伝える『正しい知識』はなぜ市民に信頼されないのか」宣伝会議814号）、p.50-51

山崎栄一［2009］「災害時要援護者の避難支援と個人情報」『地域防災研究論文集（第2巻）』p.89-98、地域安全研究会

山崎栄一、立木茂雄、林春男、田村圭子、原田賢治［2006］「災害時要援護者の避難支援に関する政策法務のあり方について」『地域安全学会論文集（No.8）』p.323〜332、地域安全学会

山崎栄一［2013］『自然災害と被災者支援』日本評論社

山本起世子［2013］「民法改正にみる家族制度の変化―1920年代〜40年代―」『園田学園女子大学論文集（第47号）』園田学園女子大学p.119-132

山口道宏［2010］『「申請主義」の壁！―年金・介護・生活保護をめぐって』現代書館

湯淺墾道［2007］「福岡県内の市町村における個人情報の保護に関する条例の現状と課題」『九州国際大学法学論集』13巻3号、p.61-110、九州国際大学

湯淺墾道［2009］「自治体における個人情報保護―定額給付金・子育て応援特別手当の給付事務を中心に―」『九州国際大学社会文化研究所紀要』64号、P.39-55。

湯淺墾道・林紘一郎［2011］「『災害緊急事態』の概念とスムーズな適用」『情報セキュリティ総合科学（第9号）』、p.32-53、情報セキュリティ大学院大学

湯淺墾道［2012a］「アメリカにおける個人情報漏洩通知法制に関する考察」『情報ネットワーク・ローレビュー』Vol.11、p.72-87。

湯淺墾道［2012b］「アメリカにおける個人データ漏洩通知法制」『日本セキュリティ・マネジメント学会誌26巻2号（2012年）p.24-34。

湯淺墾道［2014］「個人情報保護法改正の課題—地方公共団体の個人情報保護の問題点を中心に—」『情報セキュリティ総合科学第6号』情報セキュリティ大学院大学

結城康博［2013］「2015年を見据えた社会保障制度の検証〜社会保障制度改革国民会議報告書を受けて〜」『自治総研（通巻420号）2013年10月号』

米子市「米子市個人データ保護マニュアル」
(http://www.yonago-city.jp/section/soumu/j_koukai/index.html)

横須賀市「所得情報・福祉関係情報の目的外利用について（類型諮問）［2005］『平成17年度　第2回横須賀市個人情報保護運営審議会』(http://www.city.yokosuka.kanagawa.jp/0250/koukai/kozinsingikai/documents/3-1_16.pdf)

横浜市健康福祉局福祉保健課「行政が保有する災害時要援護者の個人データ提供に係る条例整備に伴うパブリックコメント（意見募集)」(http://www.city.yokohama.jp/ne/news/press/201209/20120927-025-15292.html)

横浜市健康福祉局［2011］「健康や介護についてのアンケート（一般調査)」(http://www.city.yokohama.lg.jp/kenko/kourei/kyoutuu/jourei/jigyoukeikaku/23jittaityousa/riyousya-6.pdf)

吉中　季子［2006］「公的年金制度と女性—「世帯単位」の形成と「個人単位化」—」『社會問題研究　55（2）土井洋一教授退職記念号』大阪府立大学、p.149-168

読売新聞［2009/4/23］「三原市災害時要援護者避難支援プラン　個人情報管理住民に　不　安」（http://www.yomiuri.co.jp/e-japan/hiroshima/feature/hiroshima1197001129611_02/news/20090422-OYT8T01066.htm)

「読　売　新　聞」［2011/3/20］（http://www.yomiuri.co.jp/national/news/20110210-OYT1T00488.htm)

読売新聞［2011/6/4］「障害者の安否確認進まず、個人情報保護法が壁」（http://www.yomiuri.co.jp/national/news/20110604-OYT1T00478.htm)

読売新聞［2012/3/20］「災害時の障害者支援…安否確認、個人情報の壁」（http://www.yomidr.yomiuri.co.jp/page.jsp?id=56251)

我妻栄［1961］『親族法＜法律学全集23＞』有斐閣

初出一覧

本書の作成にあたり、以下の論文を下敷きに加筆して掲載している。

【第 4 章第 1 節】

・石井夏生利、瀧口樹良、豊田充［2012］「行政サービス・ワンストップ化に不可欠な行政の共通番号に基づく"世帯単位"の情報の取扱いに対する市民の合意形成を可能とする個人情報保護対策に関する実証的研究（継続）」『電気通信普及財団研究調査報告書（No.27)』電気通信普及財団

【第 5 章第 1 節および第 2 節】

・瀧口樹良［2005］「自治体のITアウトソーシングと個人情報保護に関する課題と方策」『FRI研究レポート（No.234)』株式会社富士通総研経済研究所

・瀧口樹良［2007］「自治体の情報セキュリティ・個人情報保護対策としての外部委託先への管理監督に関する対応策に向けて」『FRI研究レポート（No.292)』株式会社富士通総研経済研究所

【第 5 章第 3 節】

・瀧口樹良［2014］「災害時を想定した地方自治体の個人情報の取り扱いについて」『日本セキュリティ・マネジメント学会誌（第28巻第 1 号)』日本セキュリティ・マネジメント学会

【第 5 章第 4 節】

・石井夏生利、瀧口樹良、豊田充［2011］「行政サービス・ワンストップ化に不可欠な行政の共通番号に基づく"世帯単位"の情報の取扱いに対する市民の合意形成を可能とする個人情報保護対策に関する実証的研究」『電気通信普及財団研究調査報告書（No.26)』電気通信普及財団

アンケート調査の概要一覧

本論文で掲載したアンケート調査の概要については、以下の通りである（図表参－1）。

図表参－2　アンケート調査の概要一覧

当該章節	第4章第1節	第5章第3節	第5章第4節
目的	・地方自治体の申請者本人および「世帯」に関する個人データの取り扱いの実態把握 ・地方自治体の行政サービスで利用する個人データを保護対策に対する考え方の把握 ・住民の個人データに対する番号管理の実態とマイナンバー制度に対する考え方の把握	・災害時における個人データの利用と保護方策に対する考え方 ・災害時に利用する個人データを保護するために必要な要件（不安や懸念の解消方策） ・災害時に利用する本人以外の家族の個人データに関する取り扱いに対する考え方（信頼感や家族意識との違いも含めて）	・行政サービスにおける個人データの利用と保護方策に対する考え方の把握 ・行政サービスで利用する個人データを保護するために必要な要件の把握 ・行政サービスで利用する本人以外の家族の個人データに関する取扱いに対する考え方（信頼感や家族意識との違いも含む）の把握
実施手法	・郵送アンケート調査	・インターネットアンケート調査（ネットアンケート調査会社経由で、対象者にメールで回答を依頼し、Webサイト経由で回答を回収）	・インターネットアンケート調査（ネットアンケート調査会社経由で、対象者にメールで回答を依頼し、Webサイト経由で回答を回収）
実施条件	・住民の個人データを取り扱っている地方自治体の業務の中から、特に医療費助成（代表的な業務と	・所要時間が短い回答や、極端に同じ箇所にチェックしてある回答、また特定の規則性がみられる回	・所要時間が短い回答や、極端に同じ箇所にチェックしてある回答、また特定の規則性がみられる回

	して「ひとり親家庭等医療費助成」）を想定。	答などは、有効回答とはみなさず除外。	答などは、有効回答とはみなさず除外。
調査対象	・全国の地方自治体（1,742の政令市、特別区、市町村）の児童福祉部門（医療費助成担当） ・回収は800団体（回収率：45.9%）。	・1000人 ・国内に在住するインターネットを利用するユーザ（18歳以上の男女）の中から、10地区（北海道、東北、関東、北陸、甲信越、東海、近畿、中国、四国、九州・沖縄）に均等割り付けにて送付し、回収。	・1,200人 ・国内に在住するインターネットを利用するユーザ（18歳以上の男女で、公務員を除く）の中から、ネット上で行政手続を行ったことがある（14.3%）、または行う意思のあるユーザ（85.7%）に限定して送付し、回収。
実施期間	・2012年1月11日～2012年1月27日	・2013年3月13日～2013年3月15日	・2010年10月29日～2010年10月31日
主な調査項目	① 申請者本人に関する個人データの取り扱いについて ② 世帯（家族）構成員に関する個人データの取り扱いについて ③ 住民の個人データの保護対策について ④ 住民の個人データの取り扱いにおける番号について	① 組織や団体への信頼感 ② 被災経験（本人および家族） ③ 個人データの外部提供 ④ 外部提供されてもよい個人データの範囲（本人および家族） ⑤ 行政の個人データの保護方策に対する考え方 ⑥ 災害時の番号制度の利用 ⑦ 回答者自身の属性	① 回答者自身について ② 家族意識について ③ 組織や団体に対する信頼感について ④ 個人データの漏えいについて ⑤ 共通番号（国民ID）制度について ⑥ 行政の個人データの利用によるメリットとリスクについて ⑦ 行政の個人データの利用における同意について ⑧ 行政の個人データの利用に対する不安について ⑨ 行政の個人データの利用に対する保護対策について

おわりに

　本書は、瀧口樹良［2014］「地方自治体における住民の個人データの利用と保護のあり方 - 世帯単位による個人データの利用実態に着目して - （博第26号）」情報セキュリティ大学院研究科専攻（博士論文）の原稿を基に加筆・修正したものである。

　すでに博士論文を脱稿して3年以上も経過していることから、内容自体も陳腐化している点を確認するため、読み直してみたが、行政サービスの個人データの利用実態である世帯単位に着目した地方自治体における住民の個人データの利用と保護のあり方については、陳腐化するどころか、いまだ問題として横たわっているため、基本的には内容を大幅に修正しないこととした。ただし、主な加筆・修正した内容は、第5章や第6章といった番号法や個人情報保護法の法改正に伴って必要と考えられる事項を加筆している。なお、第3章の社会保障の各制度も法改正等が行われているものの、各制度に「世帯」概念は変更していないため、微修正に留めている。そのため、本書の内容は、平成30年3月現在で判明している事実に基づいて記載しているが、今後も法制度の更新・変更等がありうる点にご留意いただきたい。

　また、本書の基となる博士論文の作成に当たっては、主査の林紘一郎先生（情報セキュリティ大学院大学　教授）、副査の湯淺墾道先生（情報セキュリティ大学院大学　教授）、土井洋先生（情報セキュリティ大学院大学　教授）、浅野一弘先生（札幌大学法学部　教授）からは、厳しくかつ温かい励ましのお言葉と適切なアドバイスもいただいた。さらに、地方自治体の「世帯」単位での個人データの取り扱いの実例として取り上げたA市とB市の関係者、また、海外事例として取り上げた韓国の釜山広域市情報担当室Kim, Yeoung、Kang, Ho-Young、Rew, Jong-Hoe（敬称略）、海雲台区Kin, Jeong Ha、Kim, Ki Wook（敬称略）の各担当者には、ご多忙の中からヒアリングの時間を取っていただいた。その際、韓国釜山広域市および海雲台区へのヒアリングに当たっては、

243

崔祐溶先生（東亜大学校法科大学院教授）にはヒアリングのアレンジにご尽力をいただき、李ハニ先生（弁護士）には通訳をお願いし、大変お世話になった。

　本書の問題意識の発想は、著者自身が地方自治体の現場を経験し、その経験を通じて得られたものである。その際、常に理想論としての理念（理論）と現実（実態）との狭間で、如何に問題解決していくか、その模索こそが研究の基本となしている。そのため、本書の結論である「総合世帯情報台帳」と「本人通知制度」という２つの提言は、さほど目新しいものではないものの、実務的に役立つ現実的な提案となっている。

　なお、本書では、住民の個人データを「世帯」単位で利用することが不可避であるとの前提に立脚した提案を行ったが、歴史的・分野横断的な分析内容（第２章や第３章）が示す通り、「個人か世帯か」といった議論は、長い歴史と両立しがたい理念の相克の中にあり、世帯主と他の世帯構成員との権利・義務関係の整理等、残された課題も多い。例えば、現在、国の統計や税金の試算などに用いられてきた夫婦と子供２人によって構成される標準世帯は減少し続け、最も多い世帯の形態は高齢単身者、壮年未婚者、ひとり親世帯といった「世帯規模の縮小」ともいえる単身世帯となっている。つまり、人口減少時代において少子化による家族数の減少、晩婚・晩産化や高齢化にともなう介護問題の深刻化など、1980年代以降、家族（世帯）の「個人化」が急速に進んでいる。また、家族やそれを取り巻く社会状況はさらに変化しており、生殖補助医療DNA鑑定等の技術の発達により、家族の新たな問題も噴出している。こうした傾向をふまえ、民法改正の動きがあるものの、世帯の相互扶助を謳った扶養の概念を見直すまでには至っていない。しかしながら、従来は家族（世帯）が担うと期待された日本の社会保障の前提が崩れつつあることも実態であり、今後こうした実態を直視した検討の必要性に迫られると思われる。

　いずれにしても、本書で提起した論点が理論倒れに終らず、地方自治体の実務に生かされるよう、今後とも地方自治体の現場でさまざまな意見交換を行ってきた職員の皆様との意見交換を続けていきたい。

　なお、本書の出版に当たっては時事通信出版局の永田一周氏には大変お世話

になった。著者にとっては単著として2作目となるが、1作目の単著である
『迷走する番号制度－自治体の現場から見た課題－』も時事通信社から出版さ
せていただくことができた。記してお礼申し上げる。

　また、本書の刊行にあたっては、「公益財団法人KDDI財団の著書出版助成」
の援助により出版することができることとなった。本書の刊行に際していただ
いた経済的支援について深くお礼申し上げる次第である。

2018年5月

瀧口樹良

【索　引】

【あ行】

宛名システム	132、133、195、204
家制度	14、64、215
意思表示	200
医療保険	66、87、89、92
欧州委員会	22
オプトイン（opt-in）	21、22、199

【か行】

海雲台区	224
介護保険	54、66、92
開示請求権	20、143
外部提供	154、162、168、172
確認方法	118
家族観	182、185
家族制度	55、58、61、198
家父長	54、61、64
管理方法	123、130、137
擬制世帯主	91、134
給付行政サービス	29、33、45、52
共有範囲	123、125、130
寄留制度	71
後期高齢者医療	54、73、96
公的機関	166、172、216
公的扶助	32、45、63、98
国民健康保険	52、87、131
国民健康保険システム	131、133、136
個人情報	13、19、141、148、181
個人情報保護条例	20、142、148
個人情報保護法	19、141、148
個人情報保護法制	13、14
個人単位	13、24、144
個人番号	192、204

【さ行】

災害	159
災害対策基本法	147、162、172
資格情報	133、134、136
自己コントロール権	143、144
事後同意（事後差し止め）	21
事前同意（事前差し止め）	21
実態調査	117、203、225
私的扶養	56
児童手当	52、105
児童扶養手当	107
社会保険	32、52、134
社会保障制度	25、66、87、198
住基ネット	174
住登外者	132、134
住民基本台帳	20、47、71、195
住民登録	51、71
住民票	46、71、131、206
取得同意	118
情報公開	141、143
情報の非対称性	148、199、203、209
情報の偏在	148、199、203、209
情報漏えい	174、184
証明書	30、134、215
申請者本人	118、123
信頼性	165
生活保護	15、45、63、98
セキュリティ	13、129、153、161
世帯情報	130、137、196、204
世帯同意	182
世帯主	74、89、118、131
世帯の概念	50、52、74
世帯分離	54、64

247

前提（デフォルト）　　　　21
窓口業務　　　　　　　　　72

【た行】

大家族　　　　　　　　　　58
団体内統合宛名システム　25、194、204
地方自治体　　29、87、117、130、141
地方税　　　　　　　　　　76
定額給付金　　　　　　　　15
訂正等請求権　　　　　　　20
添付書類　　　　　　　132、193
同一居住　　　　　46、65、104
同一生計　　　　　41、46、104
統合世帯情報台帳　　　25、204
投票所入場整理券　　　　　36
ドメスティックバイオレンス（DV）　14、150

【な行】

ネットアンケート調査　164、172、174

【は行】

番号制度　　　　　13、32、191
番号法　　　　　　　147、191
被扶養者　　　　49、52、55、89
扶養　　　　　　　　　　　54
扶養概念　　　　　　　　　54
扶養義務　　　46、51、62、99、113
プライバシー　　13、19、22、158
ブラックリスト　　　　　21、22
補完性　　　　　　　　　　62
保護対策　　　41、142、179、197
ホワイトリスト　　　21、193、199
本人関与　　　　　　143、147
本人通知制度　　25、204、206、208

【ま行】

黙示　　　　　　　　　　　16
目的外利用　　150、157、179、184

【や行】

要援護者　　　　　　　155、172

【ら行】

リスク評価　　　　　　　203
利用停止等請求権　　　　　20
労働災害保険　　　　　　　56

【著者紹介】

瀧口　樹良（たきぐち・きよし）

1971年神戸市生まれ。駒澤大学大学院人文科学研究科社会学専攻修士課程修了。情報セキュリティ大学院大学情報セキュリティ研究科博士後期課程修了。博士（情報学）。メーカー系シンクタンクにおける公共系コンサルティング活動や札幌市の第3セクターである札幌総合情報センター株式会社等を経て、現在、株式会社コミクリ地域情報サービス推進室に在籍。2016年5月に合同会社社会情報サービス研究所を設立し、代表社員に就任。2017年より神奈川工科大学非常勤講師。
「地方自治体の窓口業務のサービス向上」や「社会保障・税番号制度の実施に向けた自治体での対応」といったテーマで、公益財団法人全国市町村研修財団、一般社団法人日本経営協会、島根県市町村総合事務組合、島根県市町村振興協会、滋賀県市町村職員研修センター、各地方自治体向け研修の講師やアドバイザー等を務める。著書に『迷走する番号制度―自治体の現場から見た課題』（時事通信社）等。
連絡先：takiguchi@comcre.co.jp

番号制度の導入を踏まえた地方自治体の個人データの利用と保護対策のあり方
―行政サービスの個人データの利用実態である世帯単位に着目して―

2018年6月30日　初版発行

著　者：瀧口樹良
発行者：松永　努
発行所：株式会社時事通信出版局
発　売：株式会社時事通信社
　　　　〒104-8178　東京都中央区銀座5-15-8
　　　　電話03（5565）2155　http://book.jiji.com
　　　　印刷／製本　藤原印刷株式会社

©2018　TAKIGUCHI, Kiyoshi
ISBN978-4-7887-1580-6　C0031　Printed in Japan
落丁・乱丁はお取り替えいたします。定価はカバーに表示してあります。